Über Philosophen, Ökonomen und sonstige G´scheite

Günter Schmieder

Gewidmet meiner Lebensgefährtin Inga Wölfing-Büttner, die mich während der Entstehung dieses Buches ständig mit neuen Ideen „gefüttert“ hat.

Günter Schmieder

ÜBER PHILOSOPHEN, ÖKONOMEN UND SONSTIGE G´SCHEITE

Impressum

Bibliografische Information der Deutschen Nationalbibliothek: Die Deutsche Nationalbibliothek verzeichnet diese Publikation in der Deutschen Nationalbibliografie; detaillierte bibliografische Daten sind im Internet über http://dnb.dnb.de abrufbar.

Illustration, Umschlagsgestaltung, Titelfoto - Günter Schmieder

Herstellung und Verlag: BoD – Books on Demand, Norderstedt

ISBN: 978-3-7526-0723-9

MIX
Papier aus verantwortungsvollen Quellen
Paper from responsible sources
FSC® C105338

Inhaltsverzeichnis

1) Wo wohnt Gott?

Wir Eltern mit Kindern haben alle schon die Erfahrung gemacht, dass wir, früher oder später, die Frage gestellt bekommen: „Wo eigentlich lebt der liebe Gott?".

Und so wie Philosophen, Religionsgelehrte, ja die gesamte Menschheit auf diese Frage bisher keine zufriedenstellende Antwort geben konnten, hätten wir antworten können: „Im Himmel", „im Paradies", „im ewigen Leben" oder „im Nirwana…". Die Frage unserer Kinder wäre jedenfalls nicht zufriedenstellend beantwortet worden.

Denn hätten wir gesagt: „Im Himmel" so wäre unweigerlich die nächste Frage gewesen: „Wie und wo befindet sich denn der Himmel?". Und wieder hätten wir die Frage nur in einer neuen, eigenen Interpretation beantworten können.

Um trotzdem zu versuchen, näher an die Beantwortung dieser Fragestellung kommen zu können, habe ich versucht, nachfolgend die wesentlichen Inhalte der fünf Weltreligionen herauszukristallisieren - auch um Antworten zu finden auf die Frage: „Was geschieht mit uns, mit unserem Körper, unserer Seele und Energie nach dem Tod.

Wenn wir versuchen, aus dem Gedankengut der fünf Weltreligionen einige Gemeinsamkeiten herauszukristallisieren, dann fällt auf, dass sie alle das Streben nach dem Guten als Kernpunkt ihrer theologischen Gedanken betrachten.

Da sich die Philosophen noch immer nicht einig sind, ob der Mensch von Natur aus gut oder böse ist, scheint mir ein Ausflug in das Werk „Einführung in das Christentum" des emeritierten Papstes, Joseph Ratzinger angebracht, in dem er versucht zu erklären, wo, aus seiner Sicht Gott zu finden ist aber auch wo nicht.

Im Kapitel: „Der Gott der Väter" schreibt er:

> *„Die religiöse Erfahrung der Menschen entzündet sich immer wieder an heiligen Orten, an denen aus irgendeinem Grund dem Menschen das ganz Andere, das Göttliche, besonders fühlbar wird; eine Quelle etwa, ein mächtiger Baum, ein geheimnisvoller Stein oder auch ungewöhnliches Wilderfahrnis das sich irgendwo zutrug, können in dieser Weise wirksam werden. Dann besteht aber alsbald die Gefahr, dass dem Menschen der Ort, an dem er das Göttliche erfuhr und dieses selbst ineinander fließen, sodass er an eine besondere Anwesenheit des Göttlichen an jenem Ort glaubt, es anderswo nicht ebenso meint treffen zu können – der Ort wird zum heiligen Ort, zur Wohnstätte des Göttlichen.*
>
> *Die örtliche Bindung des Göttlichen, die sich auf diese Weise ergibt, führt dann aber mit einer Art innerer Notwendigkeit auch zu dessen Vervielfachung.*
>
> *Weil nicht nur an einem Ort, sondern an vielen sich Erfahrungen des Heiligen zuträgt, dieses aber jeweils auf den betreffenden Ort gedacht wird, kommt es zu einer Vielzahl von Ortsgottheiten, die damit zugleich zu Eigengottheiten der jeweiligen Räume werden."*

Mit dieser Aussage widersprechen sich sogar Päpste und sogar der spätere Papst Benedikt der im Jahr 2008 Lourdes besuchte und dadurch Lourdes zum heiligen Ort machte, also zur Wohnstätte des Göttlichen.

So ähnlich verhält es sich, wenn wir versuchen die Frage: "Wo wohnt Gott" zu beantworten.

Dass aber durch die Unmöglichkeit zu erfahren wo Gott wohnt trotzdem die Existenz Gottes, in welcher Form auch immer, nicht in Frage gestellt wird, geht schon aus der Tatsache hervor wie viele intelligente, gebildete Menschen tief an Gott glaubten.

Ich will hier nur einige Beispiele nennen:

Kennedy, Adenauer, Martin Luther, Erasmus, J. S. Bach, Dietrich Bonhoeffer, Billy Graham und viele, viele mehr.

Da ja als Antwort, auch für diese klugen Menschen weder Himmel, Paradies, ewiges Leben oder Nirwana geeignet erscheint, bleiben somit lediglich abstrakte Überlegungen übrig wie:

Gott lebt in unserem Herzen und in unserem Geist.

Lassen Sie uns nun einen Blick werfen, wie die fünf größten Weltreligionen versuchen, eine Antwort zu finden auf die Frage:

„Wo wohnt Gott?".

a) Das Christentum

Die heute weltgrößte Religion, das Christentum mit 2,3 Milliarden Anhängern, ist aus dem Judentum mit einer über 3000 Jahre währenden Entwicklungsgeschichte hervorgegangen.

Das Judentum ist somit eine der ältesten monotheistischen Religionen.

Das wichtigste Symbol des Christentums stellt das Kreuz dar, welches den Kreuzestod Jesu symbolisiert.

Mit der Geburt von Jesus Christus vor ca. 2000 Jahren - bis zu diesem Zeitpunkt galt auch für die späteren Christen das Alte Testament als Grundlage ihrer Religion - kam es zur Spaltung, denn die Juden erkannten Jesus Christus nicht als den erwarteten Messias an, sondern sie sahen in Jesus nur einen, der damals zahlreichen Wanderprediger.

Sie konnten und wollten Jesus nicht als den erwarteten Messias anerkennen.

Auch argumentierten sie, dass Jesus nicht der Sohn Gottes sein konnte, da Gott nie ein Menschenopfer gefordert und auch nicht angenommen hätte.

Somit galt und gilt für die Juden bis heute, dass der Messias erst noch kommen wird.

Mit dem Erscheinen von Jesus begann eine neue Zeitrechnung die sich im Neuen Testament widerspiegelte.

Innerhalb des Christentums gibt es fünf Hauptgruppen: Die römisch-katholische Kirche, die orthodoxen Kirchen, die protestantische Kirche, die anglikanischen Kirchen und die Pfingstbewegung.

Seit der Entstehung der christlichen Kirche gab es zwei Brüche.

Im Jahr 1054 kam es zwischen der römisch-katholischen Kirche im Westen und den östlich orthodoxen Kirchen zu einem endgültigen Zerwürfnis. Einer der Hauptgründe hierfür war, dass bis 330 n. Chr. Rom die Hauptstadt des römischen Reiches und Sitz des Papstes war. Als jedoch im Jahr 330 n. Chr. Kaiser Konstantin die Stadt Byzanz, das heutige Istanbul das später ihm zu Ehren in Konstantinopel umbenannt wurde zur zweiten Hauptstadt neben Rom ausrief, da kam es zu Spannungen die schließlich in einem Auseinanderbrechen der beiden Kirchen mündete. Auch Fragen der Glaubensauslegung, z.B. was den Stellenwert des Heiligen Geistes betraf, führten dann im Jahr 1054 zum endgültigen Bruch.

Die zweite, große Spaltung im Christentum begann mit Luthers Thesenanschlag in Wittenberg im Jahr 1517 und mündete 1519 in die Gründung der reformierten Kirche. Der Ursprung der Gründung der protestantischen Kirche begann jedoch schon im Jahr 1501 in der Person von Martin Luther. In tiefer Nacht ist ein Mann unterwegs als ein riesiges Gewitter aufzieht. Als er von einem Blitz zu Boden geschleudert wird, erfasst ihn Todesangst und er schreit: „Anna, hilf! Lässt du mich am Leben, so will ich Mönch werden“. Und tatsächlich überlebt Martin Luther der erst kurz vorher sein Jurastudium erfolgreich abgeschlossen hatte in dieser Nacht das Gewitter unversehrt.

In der Folge fühlte sich Luther an sein Gelübde gebunden, er trat in den Stift der Eremiten ein und wurde Mönch. Luther nahm sein Mönchsein so ernst, dass er an sich, am Menschsein, zweifelte, da er glaubte, dass am jüngsten Tag kein Mensch, auch er nicht, vor Gott würde bestehen können. Später erkannte Luther, und da kamen ihm die ersten Zweifel an den Lehren der Kirche, dass Gott kein mitleidloser, strafender Gott ist, sondern, dass Gott mit all seiner Güte bereit ist, den Menschen von seinen Sünden zu erlösen. Im Jahr 1505 trat Luther ins Kloster ein, begann in Wittenberg ein Theologiestudium und promovierte zum Doktor der Theologie. Ein einschneidendes Erlebnis erfuhr Luther im Jahr 1510 anlässlich einer Reise nach Rom, wo er dort den Sittenverfall hautnah erlebte. Auch die von der Kirche praktizierte Ablasszahlung mit der hauptsächlich der Bau des Petersdoms finanziert wurde, passte nicht zu Luthers Verständnis von Gerechtigkeit.

Diese Praktiken nahm Luther anschließend zum Anlass, um erstmals gegen die, seiner Meinung nach Verdrehung des Evangeliums aufzubegehren und somit keinen Geringeren als den Papst herauszufordern.

Im Jahr 1517 stellte Luther seine 95 Thesen dem Erzbischof von Mainz und anderen Bischöfen und Gelehrten vor.

Nachdem Luther im Jahr 1518 ein Exemplar seiner 95 Thesen an Papst Leo X und den Bischof von Brandenburg geschickt hatte nahm die Diskussion in der Kirche ein derartiges Ausmaß an, dass sich die Kirche gegen Luther nur dadurch wehren konnte, indem sie ein Verfahren gegen ihn einleitete und er schließlich wegen Ketzerei angeklagt und verurteilt wurde. Da inzwischen offiziell nach ihm gefahndet wurde, begab sich Luther auf die Flucht und landete schließlich in Wittenberg. Auf der Wartburg, wo er schließlich Unterkunft fand, betätigte sich Luther in den Folgejahren vor allem mit schriftstellerischen Tätigkeiten, unter anderem der Übersetzung der Bibel.

Daneben verfolgte er ohne Unterlass die Durchsetzung seiner Thesen, was z. B. im Mai 1521 dazu führte, dass das Zölibat von mehreren Priestern gebrochen wurde und diese in Wittenberg heirateten.

In den Folgejahren musste sich Luther mit vielen Gegnern an seiner Reformidee aus allen Gesellschaftsschichten auseinandersetzen.

Luthers Protestantismus war jedoch nicht mehr aufzuhalten und verbreitete sich über ganz Europa.

Neueste Entwicklungen in den christlichen Kirchen:

Nachdem die Kirche seit Jahrhunderten getrennt ist, in den protestantischen Teil und die Orthodoxe Kirche, besteht nun seit Längerem ein Interesse aller Beteiligten nicht mehr das Trennende, sondern das Gemeinsame zu suchen.

So werden heute schon wieder weltweit ökumenische Gottesdienste gehalten oder aber, wie 1989, ein Friedenstreffen organisiert, das selbst von Papst Johannes dem Zweiten besucht wurde. Und auch zwischen der katholischen und der orthodoxen Kirche kam es mit der 14. Vollversammlung im Jahr 2016 zu zaghaften, ersten gemeinsamen Schritten in Richtung Wiedervereinigung. Erneut unterstrichen wurde dieses Bemühen auch durch einen Besuch von Papst Franziskus beim Heiligen Synod der Bulgarisch-Orthodoxen Kirche von Bulgarien im Jahr 2019.

Die christlichen Kirchen leiden in den letzten Jahren unter dramatischem Mitgliederschwund. Mehrere Gründe scheinen hierfür verantwortlich zu sein. So sind, insbesondere Christen der jüngeren Generation in Deutschland, abgeneigt weiter eine durch eine Pflichtsteuer finanzierte Kirche zu unterstützen. Ein weiterer Grund ist die Tatsache, dass die Inhalte der kirchlichen Lehre seit zu langer Zeit nicht mehr „modernisiert“ wurden.

Ich will hier nur einige Beispiele nennen:

Viele, vor allem jüngere Christen können sich mit Bibelaussagen wie „Abgestiegen in die Hölle“ nicht mehr identifizieren.

In seinem Buch „Einführung in das Christentum“ spricht der emeritierte Papst Joseph Ratzinger von einer **„**Entmythologisierung**“**, die man gefahrlos umsetzen kann. Ratzinger sagt, dass, nachdem Jesus am Kreuz gestorben war, eine große „Leere“ eingetreten ist.

Nietzsche sagt: „Gott ist tot, wir haben ihn getötet*“.*

Noch deutlicher wird Ratzinger indem er sagt, dass wir „Abgestiegen in die Hölle“ nicht als Jesus Weg „nach unten" verstehen sollen. Ratzinger weist dann auch auf die Bibelübersetzung hin, in der das Wort *scheol (*griechisch: Hades) der Hebräer den Zustand jenseits des Todes bezeichnet. Somit hatte der ursprüngliche Sinn nur ausgesagt, dass “Jesus gestorben“ ist.

Auferstanden von den Toten

Auch das Bekenntnis zur Auferstehung Jesu Christi ist vielen modernen Christen nur noch schwer vermittelbar.

Ratzinger sagt dazu:

> *„Liebe fordert Unendlichkeit, Unzerstörbarkeit, ja sie ist gleichsam ein Schrei nach Unendlichkeit.*
>
> *Damit aber besteht zusammen, dass dieser, ihr Schrei unerfüllbar ist, dass sie Ewigkeit beansprucht, aber in Wahrheit die Todeswelt, in ihre Einsamkeit und in ihre Zerstörungsmacht einbezogen ist.“*

Von hier aus kann man verstehen, was „Auferstehung“ bedeutet: Sie ist der Triumph der Liebe über den Tod.

In seinem gesamten Denken sieht Ratzinger Jesus und die Liebe als eine Einheit die unvergänglich ist und bildhaft gesprochen auch nicht sterben kann.

Die vorerwähnten Anmerkungen Ratzingers zu festgefahrenen Dogmen der katholischen Religion, veröffentlicht in seinem im Jahr 2000 erschienenem Standardwerk „Einführung in das Christentum“ sind auch deshalb so bemerkenswert, weil sie ja eine grundlegende „Modernisierung“ der christlichen Lehre beinhalteten.

Ratzinger wurde für seine mutigen Aussagen heftig kritisiert. Diese Kritiken gingen sogar so weit, dass er z. B. von dem amerikanischen Bischof, Exzellenz Donald Sanborn, in einem offenen Brief aus dem Jahr 2011 als **Häretiker** dargestellt wurde, also als Einer dessen Anschauungen im engeren Sinn im Widerspruch zu kirchlich–religiösen Glaubensgrundsätzen stehen.

Dass Kardinal Ratzinger, trotz dieser Abwendung von althergebrachten religiösen Dogmen und trotz der Anfeindungen im Jahr 2005 zum Papst gewählt wurde, kann nur zweierlei bedeuten:

Entweder hat die Mehrzahl der Kardinäle Ratzingers Standardwerk „Einführung in das Christentum“ nicht gelesen, was auch nicht verwunderlich wäre, denn es gibt weltweit nur sehr wenige Kardinäle, die mit Ratzingers hohem intellektuellem Niveau mithalten können. Oder aber:

Die katholische Kirche hat längst schon, nur von der Öffentlichkeit bisher unbemerkt geblieben, einen großen Schritt in Richtung Modernismus getan.

b) Der Islam

Auch der Islam zeichnet sich dadurch aus, dass er mit Mohammed als Religionsbegründer eine „Person“ als Religionsstifter ansieht.

Der Begriff „Islam“ bedeutet wörtlich übersetzt *„Hingabe zu Gott“* und „Unterwerfung“.

Das Leben der Muslime ist streng geregelt durch die im Koran und in den Hadithen festgelegten Regeln.

Nach dem islamischen Glauben sind alle Menschen vor Gott gleich.

Der Islam umfasst zwei große religiöse Gemeinschaften die *„Sunniten“* und die *„Schiiten“,* die sich aber teilweise tiefverfeindet gegenüberstehen.

Trotzdem gelten für beide Gruppierungen die gleichen Grundpflichten nämlich die „Fünf Säulen“:

- das Glaubensbekenntnis;
- das tägliche fünfmalige Gebet;
- die Pflichtabgaben für die Armen;
- das Ramadan-Fasten;
- die Pilgerfahrt nach Mekka.

Die Ursprünge des Koran, der heiligen Schrift des Islam, gehen 1450 Jahre zurück. Damals habe Mohammed die Inhalte des heutigen Koran vom Erzengel Gabriel übermittelt bekommen. 22 Jahre lebte Mohammed in der Wüste, wo er regelmäßig Nachrichten von Allah bekam. Im Jahr 630 zieht Mohammed mit einer Schar seiner Anhänger in Mekka ein, wo die Kaaba steht. Mohammed weiht die Kaaba Allah. Seither ist die Kaaba das wichtigste Heiligtum des Islam. Mohammed stirbt im Jahr 632. Er hinterlässt viele Spuren seiner Erkenntnisse auf Pergament, Lederfragmenten und Knochenstücken. Aus diesen Hinterlassenschaften entsteht der Koran.

In den folgenden Jahrhunderten setzt der Islam seine Verbreitung weltweit fort. Heute folgen 1,3 Milliarden Menschen den Lehren des Islam.

Der Islam zeigt heute, auch beeinflusst, ob er der Schiitischen oder der Sunnitischen Auslegung folgt, in verschiedenen Ländern und Teilen der Welt sehr unterschiedliche Erscheinungsformen.

Als radikale Religionsform, bei der Freiheiten grausam unterdrückt werden, oder aber, wie im Oman, wo der Islam religiöse und viel freiheitliche Toleranz bietet.

Für alle Muslime ist der Koran das einzig gültige Lehrbuch ihrer Religion, vergleichbar mit der Bibel der Christen oder der Thora des Judentums.

Aus 144 Kapiteln, den Suren, besteht der Koran.

Die Suren preisen die Einzigartigkeit Allahs, sie beschreiben das Jüngste Gericht vor dem jeder Muslim nach seinem Tod stehen wird, und wo die Entscheidung gefällt wird, ob er in den Himmel oder die Hölle kommt. Aber auch für ganz alltägliche Handhabungen, wie z.B. wie man sich richtig die Hände wäscht, gibt der Koran Anweisungen.

Neben dem Koran gibt es im Islam noch die, von Mohammed getätigten, in sechs Bänden gesammelten Aussprüche die *Hadithen.*

Der Koran und die Schriften des Hadith ergeben die Scharia, die islamische Gesetzgebung.

c) Der Buddhismus

Der Buddhismus bezieht sich auf die Lehren des Siddhartha Guatama der im fünften Jahrhundert v. Chr. in Nordindien lebte und heute als der „historische Buddha“ bezeichnet wird.

Seine Lehre sagt: Alle unerleuchteten Wesen sind dem ewigen Zyklus des „Samsara“, der Geburt, dem Tod und der Wiedergeburt unterworfen.

In der Folge kann dieser ewige Kreislauf von Geburt, Tod und Wiedergeburt nur durch ethisches Verhalten durchbrochen und der Zustand der Erleuchtung das „Nirwana“ erreicht werden.

Interessant ist, dass der Buddhismus auf einen Gottes–Alleinvertretungsanspruch verzichtet und nicht die Anleitung Buddhas im Vordergrund steht, sondern die Beachtung seiner Lehre vom Gläubigen erwartet wird.

Der Kern des Buddhismus strebt danach, dass wir während unseres Erdendaseins durch all unsere Taten, gute wie schlechte, Karma erzeugen.

Bei der Ausübung des Buddhismus stehen zahlreiche, geistige Übungen wie Meditation, Atembeobachtung, Mantra Rezitationen und Yoga Asanas im Mittelpunkt.

Diese Übungen sollen dazu beitragen, der Beruhigung des Geistes und dem Kultivieren von Mitgefühl und Achtsamkeit zu verinnerlichen.

Ähnlich wie im Hinduismus glauben die Buddhisten, dass sich im Akt des Todes Körper und Seele trennen, wobei die Seele in einen neuen Körper übergeht.

Vom „Karma", der während des Lebens angesammelten guten oder schlechten Taten, hängt es dann ab, in welcher Form die Wiedergeburt erfolgt.

Dies kann in menschlicher Form erfolgen, aber auch in tierischer oder sogar als Pflanze, wenn die negativen Taten überwiegen.

Beendet wird dieser Zustand der ständigen Wiedergeburt, wenn kein Karma mehr erzeugt wird - dies als der Eingang ins „Nirwana" bezeichnet wird.

d) Der Hinduismus

Anders als bei den Religionen des Christentums, des Buddhismus und des Judentums gibt es im Hinduismus keine „Person“, die als Religionsstifter angesehen werden könnte.

Über einen Zeitraum von mehr als 3.500 Jahren entstand der Hinduismus aus Tausenden von heiligen Schriften, mündlichen Erzählungen und Überlieferungen als eine Religion die im Geistigen angesiedelt ist und als zentralen Gedanken eine ewig gültige Wahrheit sieht, die der Gläubige anstreben soll. Diese Wahrheit nennt der Gläubige „Brahman“, als das höchste Wesen, das formlos, all umfassend und ewig ist.

Hervorgegangen ist dieser Gedanke des höchsten Wesens aus den „Veden“, die dem Hinduismus zugrunde liegenden Schriften, denen ewige Existenz zugeschrieben wird.

Der Hinduismus setzt ein richtiges Verhalten voraus, durch das der Gläubige eine Unsterblichkeit der Seele erreichen kann, die dann in einen neuen Körper übergehen und weiterleben kann.

Dieser Zustand wird als „Samsara“ bezeichnet.

Ob der Gläubige in seinem früheren Leben gutes oder schlechtes *„Karma“* angehäuft hat, wird sich in seiner Wiedergeburt der „Reinkarnation“ und schließlich Erlösung widerspiegeln.

Als Endpunkt der Entwicklung kann der Gläubige die „Erleuchtung“ erlangen und so den Kreislauf von Geburt, Tod und Wiedergeburt beenden.

Um diesen aus Tod und Wiedergeburt bestehenden Zyklus zu durchbrechen versucht der gläubige Hindu während seines Erdendaseins viele positive Handlungen und Gedanken anzuhäufen um sein persönliches „Karma“ derart zu erweitern;

damit er am Ende den Zustand des „Brahman – Nirwana" erreicht.

Wenn ein gläubiger Hindu stirbt, dann trennen sich Körper und Geist.

Der Körper vergeht und der Geist, die Seele, wechselt in einen anderen Körper. Entweder in einen menschlichen, tierischen, pflanzlichen oder in einen Einzeller. Als Mensch wiedergeboren zu werden gilt dabei als höchstes Ziel; denn nur als wiedergeborener Mensch kann die Seele dem Rad der Wiedergeburt entkommen.

e) Das Judentum

Mit seiner Entstehung vor mehr als 3.000 Jahren schrieb das Judentum Geschichte, denn anders als alle früheren Religionen glaubten die Menschen nicht mehr an eine Vielzahl von Gottheiten wie im römischen und griechischen Reich, sondern sie sahen nur noch einen Schöpfer im Zentrum ihrer Religion.

Somit ist das Judentum die älteste monotheistische Religion.

Das Judentum basiert auf 13 Grundlehren des orthodoxen Judentums:

1. Zu glauben und zu wissen.
2. Gott ist eins und einzig.
3. Gott ist nicht körperlich. Er kann mit menschlichen Sinnen nicht wahrgenommen werden.
4. Er ist und wird in Ewigkeit sein.
5. Nur ihm darf gedient werden.
6. Gott offenbart seine Wünsche durch ausgewählte Menschen.
7. Moses Prophetie war die höchste Form der Prophetie.
8. Die von Moses dem Volk Israel gegebene Thora wurde Moses von Gott gegeben.
9. Die Thora ist ewig. Sie wird niemals geändert und niemals durch ein anderes Gesetz ersetzt werden.
10. Gottes Wissen ist absolut und allumfassend
11. Gott kontrolliert die Welt. Gute Taten des Menschen wird er belohnen, schlechte Taten bestrafen. Der Hauptlohn wird in der kommenden Welt ausbezahlt.
12. Am Ende aller Tage wird Gott unseren Messias senden, aus dem Hause David. Die Welt wird durch ihn errettet werden.

13. Gott wird die Toten aufwecken.

Der Kern des Judentums war schon immer die Ehrfurcht des Menschen vor Gott.

Daran erinnern auch die 7 jüdischen Feiertage:

1) Rosch ha Schana September/Oktober

Das Fest der Selbstbesinnung

2) Jon Kippur September/Oktober

Der höchste Feiertag im Judentum

3) Sukkat September/Oktober

Ähnlich wie das Erntedankfest. Erinnert an den Marsch durch die Wüste

4) Purim Februar/März

Erinnert an den Exodus wo durch Losentscheid die Vernichtung der Juden verhindert wurde

5) Chanukka Dezember

Dieses Fest wird über einen Zeitraum von 8 Tagen gefeiert und erinnert an die Leiden der Juden unter der Herrschaft der Griechen

6) Das Pessachfest April

Erinnert an den Auszug der Juden aus Ägypten

7) Schawout Mai

Wird am 50. Tag nach dem Pessachfest gefeiert und erinnert an die Herausführung der Juden aus Ägypten

Die Verhaltensregeln für Juden, wie man leben soll, sind in der Thora niedergelegt. In der Thora gibt es 613 Gebote, davon 248 positive und 365 negative.

Im Judentum gibt es keinen eigentlichen Religionsstifter, da alle Juden als indirekte Nachfahren Abrahams angesehen werden. Dies ist auch der Grund, weshalb es zur Ablehnung von Jesus kam, da er sich als Sohn Gottes ausgerufen hatte. Auch die Kreuzigung von Jesus war für die Juden ein Zeichen, dass Jesus nur ein Wanderprediger war und nicht Gottes Sohn denn, wie sie argumentierten, hätte Gott niemals ein Menschenopfer gefordert und angenommen.

Gibt es ein Leben nach dem Tod im Glauben des Judentums?

Im jüdischen Glauben gibt es keine konkreten Vorstellungen vom Leben nach dem Tod oder z. B. eine Vorstellung vom Paradies.

Wenn man jedoch die Unsterblichkeit, woran die Juden glauben, als Leben nach dem Tod betrachtet, dann erwächst auch aus der jüdischen Religion der Glaube und die Hoffnung auf ewige Existenz.

Denn in den 13 Grundlehren heißt es ausdrücklich: „Gott wird die Toten aufwecken“.

2) Gesichter der Moral

Es ist der 20. Januar 1942. Am Frühstückstisch versammelt sitzt Reinhard Heydrich, ein junger, 38-jähriger Mann mit seinen vier Kindern und seiner Frau Lina. Es herrscht gelöste Stimmung und Heydrich lässt sich von seinen Kindern berichten, was sie für den heutigen Tag geplant haben. Auch seine Frau berichtet über ihre Vorhaben und als sie ihren Mann schließlich fragt, wie sein Tag verlaufen wird, antwortet er, dass sie heute eine wichtige Konferenz hätten, in der weitere Schritte zum Aufbau des Reiches geplant würden. Nach dem Ende des Frühstücks verabschiedet sich Heydrich zärtlich von seinen Kindern, den Buben streicht er durchs Haar, und den Mädchen drückt er einen Kuss auf die Wange. Zum Abschied nimmt er seine Frau liebevoll in den Arm und sagt, dass es heute wieder mal spät werden würde. Er verlässt das Haus. Eine große Limousine steht mit laufendem Motor vor dem Haus, der Chauffeur sitzt im Wagen und Heydrich wird von einem stramm salutierenden Sicherheitsbeamten begrüßt, der ihm die Wagentür öffnet.

Heydrich ist auf dem Weg zur Wannseekonferenz, bei der insgesamt 15 führende Personen des Dritten Reichs über die Organisation des Holocausts im Detail sprechen werden.

Obwohl Heydrich zu dieser Zeit erst 38 Jahre alt ist, hat er es in der Organisation des Dritten Reichs schon bis zum SS-Obergruppenführer gebracht. Nach dem Gymnasialabschluss tritt er in die Reichsmarine ein, wo er mehrmals bis zum Oberleutnant befördert wird. Im Jahr 1931 verlässt er die Marine. Im gleichen Jahr trifft er erstmals mit Himmler, dem stellvertretenden Reichspropagandaleiter der

Nationalsozialistischen Arbeiterpartei (NSDAP), zusammen, der an dem jungen Mann Gefallen findet. Unter Himmler tritt er in die NSDAP ein.

In den Folgejahren kann sich Heydrich in verschiedenen Positionen behaupten und wird nach der Machtübernahme der Nationalsozialisten zu einem der überzeugtesten, aber auch brutalsten Verfechter des nationalsozialistischen Gedankenguts.

Weshalb versuche ich hier, die Person Heydrichs etwas näher zu beschreiben?

Ich tue dies im Zusammenhang mit der Beantwortung der Frage, ob und wie Moral existiert.

Wie kann es sein, dass ein lieber Familienvater nach dem Frühstück und der zärtlichen Verabschiedung von seiner Familie sich aufmacht um, nur wenige Stunden später, Beschlüsse zu fassen, wie Millionen von Menschen besser organisiert hingerichtet werden können, denn immerhin waren bis zu diesem Zeitpunkt schon mehr als 500.000 Menschen dem nationalsozialistischen System zum Opfer gefallen. Deren Ermordung nahm aber bei dem bis dahin angewandten Verfahren des Tötens durch Erschießen zu viel Zeit in Anspruch, weshalb eine „wirkungsvollere" Methode eingeführt werden sollte – das Vergasen.

Hat sich bei Heydrich bei diesen Beschlüssen nicht sein moralisches Empfinden gemeldet? Sein moralisches Empfinden, das in vielerlei Bereichen seines bisherigen Lebens sogar sehr wohl existierte.

Heydrich war ein gütiger Vater, dem es nie in den Sinn gekommen wäre, seine Kinder zu schlagen, er war ein liebender Ehemann, der seiner Ehefrau alle denkbaren Gesten des Respekts und Achtung entgegenbrachte, der Vater und Mutter ehrte, und trotzdem ist dieser gleiche Mensch fähig, die Tür zu öffnen zum ungebremsten und nicht vorstellbaren Bösen.

Wahrscheinlich konnte dieser Mensch alle Skrupel, alle moralischen Bedenken die ihn hätten befallen können, ausschließen durch seinen, über die Moral siegenden Intellekt, welcher ihm sagte, dass sein Verhalten notwendig wäre zum weiteren Aufbau des Reichs, dass seine Taten nur minderwertige Menschen beträfen, und dass er schließlich bei der Planung und Ausführung dieser Pläne nicht einen Tropfen Blut an der Hand haben würde.

Selbst wenn man das Vorgehen Heydrichs nach religiösen Maßstäben messen würde, dann könnte man ihm nicht einmal einen Verstoß gegen die zehn Gebote vorwerfen, denn Heydrich wird keine fremden Götter anbeten, er wird Gottes Namen nicht missbrauchen, er wird nicht gegen das Feiertagsgebot verstoßen, er wird sich nicht gegen die Ehrung seiner Eltern widersetzen, er wird (selbst) nicht töten, er wird nicht die Ehe brechen, er wird nicht stehlen, er wird auch nicht falsches Zeugnis reden wider seines Nächsten und er wird auch nicht das Weib seines Nächsten oder dessen Besitz begehren.

Somit kann dieses Beispiel an der Person Heydrich zeigen, wie einfach die Moral vom Intellekt ausgeschaltet werden kann, wie unser Intellekt sogar in höchstem Maß unmoralisches Verhalten zu rechtfertigen in der Lage ist.

Als ein typisches Beispiel für ein Verdrängen unmoralischer Taten können auch die im Jahr 1945 durchgeführten Nürnberger Kriegsverbrecherprozesse betrachtet werden. Mit einem in der Geschichte vorher nie gekannten Aufwand wurde versucht, den 24 Angeklagten die nachfolgenden Anklagepunkte nachzuweisen: Planung, Vorbereitung, Einleitung und Durchführung eines Angriffskrieges, Verbrechen an der

Zivilbevölkerung und an Kriegsgefangenen sowie Durchführung des Massenmordes.

Obwohl in diesem Prozess, der sich über ein Jahr hinzog, in dem tausende Zeugen vernommen wurden, in dem Original-Dokumentfilme das Ausmaß der in den Konzentrationslager begangenen Verbrechen dokumentierten, und an Hand tausender Originaldokumente die systematische Planung und Durchführung dieser Verstöße nachgewiesen werden konnte, erklärten sich bei der abschließenden Befragung, ob schuldig oder nicht schuldig, alle Angeklagten als nicht schuldig.

Am Verhalten von Heydrich und am Verhalten der Angeklagten während der Nürnberger Kriegsverbrecherprozesse will ich zeigen, wie leicht ethische Moralvorstellungen überwunden werden können.

Lassen sie mich nun ein anderes Beispiel anführen, anhand dessen ich zeigen will, dass es aber auch menschliches Verhalten gibt, bei dem das, alles Moralische übersteigende, *Böse* wie eine schlechte Erbanlage im Menschen implantiert zu sein schein.

Ich spreche von Charles Manson.

Charles Manson wurde im Jahr 1934 als unehelicher Sohn einer 16-jährigen Alkoholikerin geboren, seinen Vater sollte er nie kennenlernen. Bereits im Alter von fünf Jahren wird Charles Manson Quasi-Waise, da seine Mutter eine langjährige Gefängnisstrafe antreten muss. Charles Manson verbringt anschließend mehrere Jahre bei Verwandten, die ihm aber keinerlei Liebe entgegenbringen. Nach der Haftentlassung der Mutter versucht diese, ihn in Pflegefamilien abzuschieben. Er landet schließlich in einem Heim, von dem er aber bald flieht.

In den Folgejahren begann seine kriminelle Karriere, die nur durch regelmäßige Verhaftungen, Verurteilungen und anschließende, langjährige Gefängnisstrafen unterbrochen war. Bis ins Jahr 1967 hatte der 32-jährige bereits 17 Jahre in unterschiedlichen Gefängnisanstalten, also die Hälfte seines Lebens, verbracht. Im gleichen Jahr, 1967, kommt Manson nach Berkeley, wo er zahlreiche Frauen und Männer um sich versammelt. Dies gilt auch als die Geburtsstunde der Manson-Family. In der Folgezeit lebte die Gruppe in sexuell ausschweifenden, bisexuellen Verhältnissen und massivem Drogenkonsum. In dieser Zeit hatte Manson auch die Offenbarung, er sei Jesu Christus. Auf einer Reise von Charles Manson mit seinen Jüngern durch Kalifornien ließen sie sich schließlich in Los Angeles County nieder.

Dort wuchs die Manson-Family zu einer, inzwischen rassistischer Denkweise anhängigen Sekte zusammen, die in einer, Gruppensex praktizierenden und durch ständigen Drogenkonsum beeinträchtigten Lebensweise um jegliche moralische Wertvorstellung beraubt war. Während dieser Zeit prophezeite Manson einen, von seinen Jüngern durchzuführenden Aufstand gegen die weiße Rasse Amerikas, der am Ende in ihrem Untergang münden sollte. Die Manson-Family hatte sich inzwischen soweit radikalisiert, dass im Jahr 1969 ein erster, von Manson inszenierter, aber von einem Family-Mitglied ausgeführter Mord erfolgte.

Im gleichen Jahr drangen Mitglieder der Manson-Family in das Haus des Filmregisseurs Roman Polanski ein und töteten die hochschwangere Sharon Tate und mehrere anwesende Besucher. Am Folgetag ermordeten Family-Mitglieder einen Supermarktbesitzer und dessen Frau.

Manson war zwar bei der Tat zugegen, aber erneut mordete er nicht selbst, sondern er überließ die Ausführung der Morde den Mitgliedern seiner Sekte.

Nach der Verhaftung Mansons und der an den Morden beteiligten Sektenmitglieder wurde Manson zum Tod in der Gaskammer verurteilt, später jedoch nach dem Verbot der Vollstreckung von Todesurteilen in Kalifornien zu mehrmaliger, lebenslanger Haftstrafe verurteilt. Im Jahr 2017 verstarb Manson im Alter von 83 Jahren an Darmkrebs im Gefängnis.

Da bei Manson offensichtlich *Das Böse* in seinen Genen programmiert schien, versuchen wir der Beantwortung der Frage: „Was ist Moral" zumindest etwas näher zu kommen.

Bis heute sind sich die meisten Psychologen bei der Beantwortung der Frage: „Was ist Moral" nicht einig. Einig sind sie sich jedoch darüber, dass wir alle bei unserer Geburt mit einer „Grundausstattung" moralischer Veranlagung geboren werden. In den ersten Jahren unserer Kindheit wird es sich dann entscheiden, wie sich diese angeborenen Fähigkeiten später zum „moralischen Empfinden" entwickeln können.

Offensichtlich hängt dies maßgeblich davon ab, ob und wie viel Liebe und Zuneigung wir als Kind empfangen, und ob wir geliebt oder vernachlässigt werden. Selbst bei unseren Vorgängern den Bonobos-Affen kann man beobachten, dass diese über eine schon bei der Geburt vorhandene, moralische Veranlagung verfügen, denn sonst wäre es nicht möglich, den bei ihnen zu beobachtenden Altruismus zu erleben, wonach sie für ihre Artgenossen etwas Gutes tun, ohne davon eigenen Nutzen zu erwarten. Bei uns Menschen scheint sich diese, in der Kindheit erworbene Fähigkeit zur Moralausübung im späteren Leben zu manifestieren, was uns z. B. in die Lage versetzt, die zehn Gebote zu befolgen.

Aber auch viele negativen Empfindungen, denen wir täglich ausgesetzt sind, wie z.B. Neid, Hass, Missgunst, Eifersucht, Habsucht, Gier usw. scheinen wir begegnen zu können, indem wir uns sagen: „das darfst du nicht tun“ oder „das ist nicht gut“ und sie so in eine positive, moralische Richtung lenken zu können.

Wenn man die traumatischen Einflüsse, denen Charles Manson als Kleinkind und auch später noch ausgesetzt war, genauer betrachtet, dann findet man darin vielleicht eine Erklärung, dass er während der letzten Jahrzehnte, die er im Gefängnis verbrachte, nie den Funken von Reue über seine Taten hat erkennen lassen, sondern dass er bis zum letzten Atemzug erfüllt war mit abgrundtiefem Hass gegen die Gesellschaft.

Lassen Sie mich nun zu einem Menschen kommen der, man könnte sagen, der grundsätzliche Gegenpol zu Charles Manson war.

Ich spreche von Albert Schweitzer.

Albert Schweitzer wurde im Januar 1875 in Kaysersberg im Oberelsass, damals Deutsches Reich, geboren und starb 1965 in Lambarene, Gabun. Albert Schweitzers Eltern waren Ludwig Schweitzer, ein Pfarrverweser, und Adele, Tochter eines Mühlbacher Pfarrers. 1893 machte Albert Schweitzer das Abitur und studierte anschließend Theologie und Philosophie. Daneben studierte er noch Orgel und Klavier. In den Folgejahren lehrte er an der Universität Salzburg und arbeitete unter anderem als ordinierter Vikar. Es folgten weitere Studien bis er im Alter von 38 Jahren schon in drei Fächern promoviert hatte und habilitierter Professor war.

Schon sehr früh, im Jahr 1913, sah Schweitzer seine Lebensaufgabe darin, das überall auf der Welt existierende Leid zu bekämpfen, weshalb er nach Afrika ging und am Ufer des

Ogooué, einem großen Fluss in Gabun, das Urwaldhospital Lambarene gründete. Später kehrte er nach Europa zurück, wo er, unter anderem, als Assistenzarzt in einem Straßburger Spital arbeitete. Im Jahr 1924 ging er nach Afrika zurück, um sein Urwaldkrankenhaus weiter auszubauen. Als Anerkennung seiner Verdienste um den Aufbau des Urwaldkrankenhauses wurde Albert Schweitzer im Jahr 1952 mit dem Friedensnobelpreis geehrt.

Ich habe die Personen Charles Manson und Albert Schweitzer bewusst nebeneinandergestellt. Warum?

Während für Manson schon auf Grund seiner traumatischen Kindheit und Jugend der Weg zum Bösen vorgezeichnet war, durfte Albert Schweitzer in einem behüteten Elternhaus aufwachsen, das Bestreben der Eltern war darauf ausgerichtet, ihrem Sohn schon frühzeitig ethisches Empfinden zu lehren, sie vermittelten ihm schon im Kindesalter die Notwendigkeit, ein breites Wissen zu erwerben und beeinflussten ihn sicher auch stark in seinem späteren Entschluss, das Urwaldkrankenhaus zu gründen um Not und Elend zu lindern.

Lassen sie mich an dieser Stelle in Kurzform noch ein viertes Gesicht der Moral anfügen, anhand dessen ich zeigen will, wie sehr, auch von äußeren Einflüssen, unser moralisches Verhalten bestimmt werden kann.

Bei diesem vierten Gesicht handelt es sich um den früheren Bundeskanzler Helmut Kohl der im Jahr 1930 geboren wurde.

In einer Diskussionsrunde tätigte Helmut Kohl einmal den Ausspruch „von der Gnade der späten Geburt".

Was wolle Helmut Kohl damit sagen?

Helmut Kohl wollte damit in erstaunlicher Offenheit zum Ausdruck bringen, dass er für seine Person nicht hätte ausschließen können, dass er, wäre er früher geboren worden, nicht auch im Parteigefüge des Dritten Reiches, in die Situation gekommen wäre, in der er an Entscheidungen und Taten verbrecherischer Art teilgenommen oder sie sogar selbst begangen hätte.

An dieser Aussage sieht man ganz deutlich, dass moralisches Verhalten auch wesentlich von Umständen abhängen kann, unter denen die uns allen angeborene Grundmoral aufgehoben werden kann.

3) Meditation

Das Wort Meditation stammt aus dem Altgriechischen (medomai) und bedeutet *denken, sinnen.*

Meditation wird von vielen Religionen und Kulturen praktiziert und hat in den letzten Jahrzehnten auch im westlichen Kulturkreis immer mehr Anhänger gefunden. Dies vor allem, weil die Meditierenden Hilfe bei den Zivilisationskrankheiten wie Stress, Herz- und Magenproblemen, Schlaflosigkeit, Depressionen und Burnout suchen. Aber auch in den östlichen Religionen Buddhismus, Hinduismus als auch in der christlichen, islamischen und jüdischen Tradition wird Meditation angewandt auf der Suche nach göttlicher Nähe. Am weitesten zurückverfolgen kann man den Ursprung der Meditation in der hinduistischen und buddhistischen Tradition Indiens.

Es gibt in der Meditation zwei grundsätzliche Techniken:

- Die körperlich passive Meditation, die meist im Sitzen praktiziert wird und
- die körperlich aktive Meditation.

Hierzu zählt unter anderem die Meditation während der Ausübung der Yoga–Asanas.

In lang andauernden, bewegungsarmen und bewegungslosen Asanas können geübte Yogis in tief meditative Stimmungen fallen.

Heute wird in den westlichen Ländern auch eine abgewandelte Form der Meditation gelehrt und ausgeführt die Achtsamkeitsmeditation.

Die Achtsamkeitsmeditation versucht deine eigene Person, aber auch die Achtung deiner Mitmenschen in den Mittelpunkt des Denkens und Handelns zu stellen.

Ein Denkmuster aus dem Talmud, eines der bedeutendsten Schriftwerke aus dem Judentum, sagt:

> „Achte auf deine Gedanken, denn sie werden Worte. Achte auf deine Worte, denn sie werden Handlungen. Achte auf deine Handlungen, denn sie werden Gewohnheiten. Achte auf deine Gewohnheiten, denn sie werden Charakter. Achte auf deinen Charakter, denn er wird dein Schicksal.“

Hätten wir alle, hätte die Menschheit nicht schon viel gewonnen, wenn wir dieses Denkmuster umzusetzen wüssten?

Wären damit nicht auch alle Ziele der Meditation erreicht, wäre damit nicht auch der Grundgedanke des Yoga, die Gewaltlosigkeit, in die Tat umgesetzt?

Um dahin zu kommen wollen wir beginnen, also machen wir uns auf den Weg und denken wir daran was Wolfgang Goethe einmal gesagt hat: „Was immer du tun kannst oder träumst es zu können, fang damit an“.

Wie bereite ich meine erste Meditationssitzung vor?

- Suchen Sie einen ruhigen Platz in Ihrer Wohnung – vielleicht ihren Lieblingsort.
- Setzen Sie sich in eine bequeme Haltung – vielleicht den Schneidersitz.
- Schließen Sie die Augen und sagen Sie vielleicht ein Mantra z.B. „Ich suche Stille“ (Ihr Geist sollte jetzt schon etwas zur Ruhe gekommen sein).

Ein ganz wichtiger Punkt um in der Meditation erfolgreich zu sein ist es richtig zu atmen.

Es gibt sieben hauptsächliche Atemtechniken:

1. Gleiches Atmen,
2. Bauchatmung,
3. Fortschrittliche Entspannung,
4. Abwechselndes Atmen,
5. Sichtbares Atmen,
6. Erleuchtendes Atmen,
7. Entspannendes Atmen.

Auf die einzelnen Atemtechniken im Detail einzugehen, würde hier zu weit führen.

Wenden Sie deshalb die einfachste Atemtechnik an: die Bauchatmung. Sitzen Sie ganz entspannt im Schneidersitz. Nun legen Sie die rechte Hand auf die Brust, die linke Hand auf den Bauch. Atmen Sie bewusst durch die Nase ein, und zwar in den Bauch. Der Bauch wölbt sich nun nach außen. Halten Sie die Luft möglichst lange an und atmen Sie dann durch die Nase aus (das Ausatmen sollte doppelt so lange dauern wie das Einatmen). Fokussieren Sie sich nun, wenn die Atemtechnik Sie schon etwas beruhigt hat, auf ein Ziel, das Sie durch ihre Meditation erreichen wollen. Z. B. „Ich will ruhig werden“ oder, aus dem autogenen Training entliehen, „Ich bin ganz ruhig“ und wiederholen sie diese Mantras entweder in Gedanken, Sie können sie aber auch leise vor sich hersagen.

Am Anfang werden störende Gedanken wie „Ich habe vergessen, die Waschmaschine abzustellen“ oder „Jetzt muss ich aber bald zum Einkaufen gehen“ Sie aus dem Rhythmus bringen. Verkrampfen Sie nicht im Bemühen, diese unerwünschten Gedanken zu unterdrücken, lassen Sie sie einfach zu. Einer der größten Fehler beim Einstieg in die Meditation ist eine verkrampfte Erwartungshaltung. Dies betrifft übrigens auch, was den zeitlichen Ablauf einer Meditationssitzung angeht. Versuchen Sie sich ins Bewusstsein zu rufen, dass es ein „Luxus“ ist, dass Sie diese Meditationssitzung durchführen können und dieser „Luxus“ nicht beeinträchtigt werden soll durch eine zu strenge Zeitvorgabe. Sie werden es erleben, dass Ihr Wissen um das Vorhandensein Ihrer Meditationsmöglichkeit für Sie zu einer „Schatzkiste“ wird, die Sie, wann immer Sie dies wollen, öffnen können.

Genauso ist es mit der Regelmäßigkeit, in der Sie Ihre Meditationssitzungen absolvieren sollen.

Auch das soll für Sie kein Zwang werden wie: „Ich muss um 9 Uhr Vormittag bis 9.30 Uhr meditieren“, sondern ein Geschenk in dem Wissen, „Ich darf immer, wann ich danach dürste, meinen Durst stillen, indem ich meditiere.“

Wenn es Ihnen nach einer gewissen Zeit gelingt, mit den einführenden Schritten Erfolge vorzuweisen ist es Zeit, sich weiter vorzuwagen.

Ich spreche hier vom *Body Scan.*

Der Erfinder Jon Kabat Zinn hat eine Meditationsmethode entwickelt, genannt MBSR (*mindful based stress reduction).*

Erstmals veröffentlicht wurde MBSR in den späten 70er Jahren. Man kann sagen, dass im MBSR zwar alle Erkenntnisse der buddhistischen Lehre von der „Bewältigung der geistigen Unruhe“ in den Köpfen berücksichtigt wurden, trotzdem ein großer Schritt von der „rein geistigen Meditation“ zu einer sowohl den Geist, als auch den Körper umfassenden Praxis getan wurde.

Wenn Sie schon einmal autogenes Training benannt nach dem Berliner Psychiater Heinrich Schultz praktiziert haben, so werden Sie im MBSR viele Parallelen finden.

Sie beginnen damit, dass Sie entspannt auf dem Rücken auf einer Matte auf dem Fußboden liegen.

Konzentrieren Sie sich darauf, dass Sie ihre Extremitäten, Beine und Arme deutlich spüren.

Richten Sie Ihre Konzentration dann von den Waden auf die Füße, bis zu den Zehen, speziell auf die mittleren Zehen, dann auf den großen Zeh, den Spann, die Fußsohle, die Ferse und den Knöchel.

Gleich verfahren Sie mit den Armen und anschließend mit allen Partien Ihres Körpers.

Abhängig davon, wieviel Zeit Sie sich geschenkt haben, können sie diese Wanderung durch Ihren Körper auch mehrmals wiederholen.

Diese Übungen ähneln auch sehr, der im Yoga üblichen Schlussentspannung, bei der Sie auch, beginnend von den Fußsohlen bis zum Scheitel, versuchen Ihren Körper intensiv zu spüren, und diese Wanderung noch unterstreichen, indem sie jedem Teil ihres Körpers gedanklich einer bestimmten Farbe zuordnen (die Chakra-Farben beginnen von unten nach oben aufsteigend mit dunkelrot, orange, gelb, grün, hellblau, dunkelblau und schließlich violett beim Scheitel).

Eine weitere Form der Meditation ist die Metta-Meditation. „Metta“ hat seinen Ursprung in der indischen Gelehrtensprache und bedeutet: „Liebe, Freundschaft, Sympathie“.

Diese Form der Meditation besteht darin, dass Sie von der auf das „Ich“ bezogenen Meditation weitergehen auf das

Einbeziehen von weiteren Personen in Ihren Meditationssitzungen, insbesondere auch auf Menschen, zu denen sie eine eher „gestörte Beziehung" haben. Dabei sollen Mantras gewählt werden wie z.B. „Ich bitte darum, dass der Person X nichts Böses widerfährt" oder „Möge Person Y von Krankheit, Hass, Eifersucht befreit werden" oder „Ich wünsche der Person Z Friede und viel Licht".

Dies ähnelt der Selbstlosigkeit, dem Altruismus. Gutes Tun, ohne eine Gegenleistung zu erwarten.

Untersuchungen haben ergeben, dass Mönche, die über lange Zeit „Metta-Meditation" praktizieren, zu den glücklichsten Menschen der Welt gehören.

Ob wohl auch der Dalai Lama Metta Meditation praktiziert?

Es ist wohl anzunehmen.

Die vorgenannten Meditations- und Atemtechniken bedürfen einer gründlichen und exakten Schulung, die nur durch kompetente Personen wie Ärzte, erfahrene Yoga – Lehrer oder Psychologen vermittelt werden können.

4) Burnout

Sisyphus ist eine Figur der griechischen Mythologie. Er soll um das Jahr 1400 v. Chr. gelebt haben, König zu Korinth und Sohn des *Atos* gewesen sein. Ihm soll es durch skrupellose Schlauheit mehrfach gelungen sein, trickreich den Tod zu überlisten und den Zugang zum Hades zu sperren, indem er den Todesgott *Thantos* fesselte. Nach *Thantos* Befreiung wird *Sisyphus* bestraft und in die Unterwelt verbannt, wo er zur Strafe einen Felsblock auf ewig einen Berg hinaufwälzen muss, dieser Fels, ihm jedoch kurz vor dem Gipfel immer wieder entgleitet und zu Tale stürzt.

Was wäre aus *Sisyphus* geworden, wenn diese Strafe immer angedauert, wenn er keinen Ausweg aus dieser Situation gesehen hätte? Mit größter Wahrscheinlichkeit wäre er in einem Stadium gelandet, ausgebrannt von der sinnlosen Arbeit – er hätte einen Burnout erlitten.

Dabei ist der Begriff Burnout in der Medizin und auch in der Literatur ein relativ junger Begriff. Erstmals wurde ein größeres Publikum im Jahr 1960 durch den Buchtitel der Schriftstellerin Graham Greene „A burnout case“ mit dem Thema Burnout konfrontiert.

Graham Greene beschreibt in diesem Roman, wie ein bis zu diesem Zeitpunkt sehr erfolgreicher Architekt, von einem Tag auf den anderen, alles hinwirft, und er ein neues, zweites Leben beginnt. Christina Maslach eine emeritierte Professorin für Psychologie an der University of California in Berkeley (USA) beschreibt Burnout wie folgt: „Burnout ist ein Syndrom totaler emotionaler Erschöpfung, Depersonalisation und reduzierter, persönlicher Leistungsfähigkeit, das bei Individuen, die in irgendeiner Weise mit Menschen arbeiten, auftreten kann". Christina Maslach hat bei der Erforschung des Burnout-Syndroms den Maslach Burnout Inventory Fragebogen entwickelt, der heute weltweit bei der Burnout–Diagnose eingesetzt wird.

Der Punk Billy sagte einmal in den 80-iger Jahren: „Das Leben ist eine Reise. Nimm nicht zu viel Gepäck mit". Was für ein kluger Rat, den wir leider nur all zu gern ignorieren. Wobei ich, wenn ich von Gepäck spreche, nicht Dinge meine, die man auf die Waage legen kann, sondern ich meine hier psychisches Gepäck.

Im internationalen Vergleich der wettbewerbsfähigsten Länder landet Deutschland auf Rang fünf, ist also sehr erfolgreich und es wird immer wieder vom „reichen Deutschland" gesprochen. Erkauft wurde diese Position, indem in den letzten Jahren und Jahrzehnten die Last der Arbeit auf immer weniger Schultern verteilt, und immer weiter rationalisiert wurde, um Personalkosten zu reduzieren.

„Ich fühle mich wie ein welkes Blatt das in einem reißenden Strom mitgerissen wird, ohne zu wissen wo ich landen werde", das sagte vor kurzem eine Mitarbeiterin eines großen Konzerns und sprach damit Zigtausenden von anderen Arbeitskräften aus dem Herzen, die sich genauso fühlen.

Gerade in den letzten Jahren sind zahlreiche Bücher erschienen, die sich damit beschäftigen, wie wir in unseren Häusern und Wohnungen Ordnung schaffen können. Minutiös wird darin aufgezeigt von welchen Dingen wir uns trennen sollten. Und tatsächlich. Nachher, wenn wir Ordnung geschaffen haben, wenn Schränke, Regale und Schubladen wieder „atmen" können, überträgt sich dies auch auf uns und wir fühlen uns „befreit" von unnötigen Dingen.

Was die psychische Situation angeht, wurden wir von einem immer „Höher - schneller - weiter“ unbemerkt in die Lage versetzt, wo wir dieses Tempo nicht mehr länger aushalten können.

Zwar schreibt die bekannte Evolutionsbiologin Elisabet Sahtouris „dass die Natur vom Stress angeschoben wird“, und sie vergleicht dies mit Pflanzen die nach einem radikalen Rückschnitt schneller und kräftiger wachsen.

Bei uns Menschen ist das nicht anders. Wenn wir fühlen, dass wir an einem Punkt angekommen sind, an dem wir glauben, mit unserem gegenwärtigen Maß an Verständnis und Fähigkeiten die Situation nicht mehr kontrollieren und ändern zu können, ist Handeln gefragt. Als erstes sollten und müssen wir klar erkennen, wo die Probleme genau liegen. Der Deutsch–Amerikanische Psychologe und Psychoanalitiker, Herbert Freudenberger (1926 - 1998) veröffentlichte als Ergebnis seiner Forschungen die 12 Phasen, die er im Verlauf eines Burnout – Syndroms beobachten konnte:

1. Drang sich selbst und anderen Personen etwas zu beweisen,
2. Extremes Leistungsstreben, um besonders hohe Erwartungen erfüllen zu können,
3. Überarbeitung mit Vernachlässigung persönlicher Bedürfnisse und Kontakte,
4. Überspielen oder Übergehen innerer Probleme und Konflikte,
5. Zweifel am eigenen Wertesystem sowie Vernachlässigung ehedem wichtiger Dinge und Freunde,
6. Verleugnung entstehender Probleme, Absinken der Toleranzgrenze,

7. Rückzug und dabei Meidung sozialer Kontakte bis auf ein Minimum,
8. Offensichtliche Verhaltensänderung, fortschreitendes Gefühl der Wertlosigkeit, zunehmende Ängstlichkeit,
9. Depersonalisierung durch Kontaktverlust zu sich selbst und zu anderen Personen; das Leben verläuft zunehmend funktional und mechanisch,
10. Innere Leere und verzweifelte Versuche, diese Gefühle durch Überreaktion zu überspielen wie beispielweise durch Sexualität, Essgewohnheiten und Drogen,
11. Depression mit Symptomen wie Gleichgültigkeit, Hoffnungslosigkeit, Erschöpfung und Perspektivlosigkeit.
12. Erste Gedanken an einen Suizid als Ausweg aus dieser Situation und akute Gefahr eines mentalen und physischen Zusammenbruchs.

Wie ernst man das Auftreten einzelner oder mehrerer dieser Symptome nehmen muss, zeigt sich am Beispiel von Robert Enke. Robert Enke, 32 Jahre alt, verheiratet und Vater einer acht Monate alten Adoptivtochter, ehemals Torhüter des Bundesligavereins Hannover 96 war einer dieser hochbezahlten „Gladiatoren“ des Sports, der jedes Wochenende vor vollen Fußballstadien in seinem Tor stand. Er wusste aber auch, dass schon ein Fehlgriff ausreichen würde, um aus ihm, dem erfolgreichen Torwart, der sogar schon mehrmals als letzter Mann das Tor der Deutschen Nationalmannschaft gehütet hatte, in den Augen der Zuschauer in Minutenbruchteilen einen Versager zu machen. Wie oft mag Enke nachts schweißgebadet aus seinen Träumen gerissen worden sein, wenn er im Traum einen „haltbaren Schuss“ eben nicht gehalten hatte. Wie oft mag er nachts ein ohrenbetäubendes Pfeifkonzert und böse Rufe wie „Enke Raus“ gehört haben. Sicher oft, sicher sehr oft, sicher sogar so oft, sodass ihm am Schluss der Schritt in den Tod lieber war als diesen „Schmach“ zu ertragen und er sich vor einen Zug warf.

Wer also bei sich selbst, bei Familienangehörigen oder Freunden eines - oder mehrere - der obengenannten Symptome erkennt, sollte sich nicht scheuen, dies anzusprechen und Hilfe suchen.

Dabei haben sich nachfolgend aufgeführten Verhaltensweisen bewährt:

- Änderung der bisherigen Lebensführung,
- alle überflüssigen, belastend erscheinenden Aufgaben ablegen und in Zukunft vermeiden,
- Sozialkontakte pflegen und erneuern,
- ärztlichen Rat einholen,
- den Mut aufbringen auch mal NEIN zu sagen.

Gerade dieses Fühlen einer Verpflichtung, alle an uns herangetragenen Aufgaben und Bitten anzunehmen und auszuführen, bringt eine Dauerbelastung mit sich und führt dann oft zu der Aussage: „Ich habe keine Zeit“.

Dabei sollte uns bewusst sein, dass wir uns selbst und andere belügen, sobald wir den Ausspruch tätigen „Ich habe keine Zeit“, denn wir haben in Wirklichkeit nämlich sogar viel Zeit.

Wir haben jeden Tag 24 Stunden Zeit, die wir nur oft verkehrt einsetzen.

Verantwortlich für diese Situation, dass wir subjektiv unter ständigem Zeitmangel leiden, ist die Tatsache, dass wir in unserer Zeit eine, wie Zeitexperten sagen, Explosion an Möglichkeiten haben und wir dazu tendieren, ganz einfach falsche Prioritäten zu setzen, wie wir die uns zu Verfügung stehende Menge an Zeit richtig nutzen. Neben den Bemühungen, den von außen kommenden Stress in vernünftige

Bahnen zu lenken, müssen wir hier unbedingt das „Ich“ mit einbeziehen. Sehr gute Erfahrungen wurden auch gemacht durch das Erlernen und Praktizieren geistiger und körperlichen Übungen wie sie z. B. in den Yoga-Asanas vorkommen oder durch spirituelle Meditationsübungen.

Vorher sollten wir jedoch versuchen zu erkennen, wo sich unser „Ich“ gegenwärtig befindet. Sehr hilfreich können dabei die *Mahu Gunas* sein, die ihren Ursprung in der indischen Samkya Philosophie haben. Aufgabe ist es, hierbei in einem Vergleich mit Wasser unsere gegenwärtige Situation zu ergründen.

Das Maha Guna:

TAMA steht dabei für (träge, schwer, dunkel),

RAJA steht für (dynamisch, bewegt, feurig) und

SATTWA steht für (rein, ausgeglichen, klar).

Wenn wir diese Zustände mit Wasser vergleichen und gleichzeitig auf unsere Gemütsverfassung übertragen, dann sehen wir

- das Tama in einem trüben, übelriechenden Weiher,
- das Raja als einen klaren, schnell fließenden Fluss,
- das ausgeglichene Sattwa in einem still liegenden See, in dessen Oberfläche sich die Sonne spiegelt.

Auf dem Weg zu unserem „Ich“ sollten wir also zuerst herausfinden, in welchem Maha Guna - Zustand wir uns gegenwärtig befinden.

Aufbauend auf dieser Erkenntnis können wir dann eine erfolgversprechende Therapie unseres Burnout–Syndroms beginnen.

Dann müssen wir insbesondere unsere gegenwärtige berufliche Situation auf den Prüfstand stellen, dann müssen wir uns von „überschüssigem Gepäck“ befreien. Da wir dies meist nicht allein entscheiden und umsetzen können, bedingt dies, dass wir unsere Familie und Vorgesetzte und Kollegen am Arbeitsplatz mit einbeziehen müssen, um zu einer Lösung zu kommen.

Diese meine Gedanken und Erfahrungen sollen Sie auf keinen Fall davon abhalten, bei Bedarf ärztlichen Rat einzuholen.

5) Sollten wir Little Boy und Fat Man dankbar sein?

(Wie zynisch ist es, Atombomben so niedliche Namen zu verpassen?)

Als am 6.8.1945 Paul Tibbets über Hiroshima und am 9.8.1945 Charles W. Sweeney über Nagasaki die Abwurfschächte ihrer B52 Bomberflugzeuge öffneten und die Bomben ausklinkten, starben in den beiden Städten ungefähr 250.000 Menschen sofort und weitere 170.000 in den Folgemonaten an den Explosionswellen, an Verbrennungen und radioaktiver Strahlung.

Zum ersten Mal wurde dadurch der Weltöffentlichkeit die tödliche Kraft vor Augen geführt, die mit den Atomwaffen geschaffen worden war.

Eigentlich hätte ich mein Kapitel DIE GESICHTER DER MORAL um drei Namen erweitern müssen.

Um Harry S. Truman, den amerikanischen Präsidenten, der den Einsatz der Bombardierung angeordnet hatte, um Paul Tibbets, den Bomberpiloten von Hiroshima, und Charles W. Sweeney, den Bomberpiloten von Nagasaki.

Harry S. Truman verteidigte die Atombombenabwürfe, die hunderttausenden Menschen das Leben kostete, bis ans Ende seines Lebens mit dem Argument, den Krieg gegen Japan dadurch beendet und dadurch Tausenden von amerikanischen Soldaten das Leben gerettet zu haben.

Bis zu seinem Ableben im Jahr 1972 kam über Trumans Lippen nie ein Wort des Bedauerns oder der Reue.

Immer rechtfertigte er seine Entscheidung damit, zwar japanisches Leben zerstört, dafür aber amerikanisches Leben gerettet zu haben.

Seine absolute Bereitschaft die Atombomben auch wirklich einzusetzen, ohne gründliche Überlegung, wie dies hätte vermieden werden können, geht auch aus einem, bei der Tragweite der Auswirkungen nur schwer zu verstehenden Eintrag in sein Tagebuch hervor, in dem er schreibt: „Ich glaube, dass die Japsen klein beigeben werden, ehe Russland eingreift."

Auf unser heutiges Leben bezogen erinnert mich diese Argumentation in etwa an die moralischen Fragen, die sich in Zusammenhang mit dem Betrieb eines autonomen Autos stellen.

Wie z. B. soll die Automatik eines Fahrzeugs programmiert werden, wenn es, um einen Unfall zu vermeiden, nach rechts ausweichen soll, wo ein Kind spielt und dieses überfahren wird, oder aber, ob es nach links ausweichen soll, wo zwei ältere Frauen stehen und es diese überfahren und töten wird.

Unmittelbar nach dem Atombombeneinsatz erhoben sich namhafte Stimmen, z. B. die vom späteren Präsidenten, dem General Dwight D. Eisenhower, oder vom General Douglas MacArthur.

Diese und viele andere argumentierten, dass man hätte den Japanern mehr Zeit bis zur Unterzeichnung einer Kapitulationsurkunde einräumen müssen.

Vor allem aber fragten sie, warum man nicht eine Atombombe zur Abschreckung und zur Demonstration ihrer ungeheuren

Zerstörungskraft über einem unbesiedelten oder wenig besiedelten Gebiet Japans abgeworfen hat.

Mit an Sicherheit grenzender Wahrscheinlichkeit hätte das japanische Militär beim Anblick der ungeheuren Zerstörungen an diesem Ort die Sinnlosigkeit einer weiteren Kriegsführung erkannt und einer Kapitulation zugestimmt und dadurch hunderttausende Leben gerettet.

Kehren wir zurück zum zweiten Gesicht, das ich in meiner Reihe der drei moralischen Gesichter auch mit aufführen hätte können.

Es handelt sich um Paul Tibbets, den Piloten, der das Flugzeug flog, das die Bombe über Hiroshima ausklinkte.

Paul Tibbets wurde nach Kriegsende nicht fertig mit dem Unglück, das er durch seine Handlung über so viele Menschen gebracht hatte.

Er kam auf die schiefe Bahn, verübte zahlreiche kriminelle Handlungen und endete schließlich in einer psychiatrischen Klinik.

Ganz anders Charles W. Sweeney, der Nagasaki Bomberpilot, den ich auch in die Aufzählung der moralischen Gesichter hätte mit aufführen können.

Charles W. Sweeney erhielt nach Kriegsende zahlreiche militärische Auszeichnungen und profitierte bis an sein Lebensende vom Ruhm, den ihm der Abwurf der Bombe eingebracht hatte.

Sein moralisches Empfinden hatte keinen Schaden genommen, denn immer konnte er sich darauf berufen, dass er nur im Auftrag höherer Mächte gehandelt hatte, und er nur seinen, am Beginn seiner militärischen Karriere geleisteten Eid, wonach er Befehle ohne Widerspruch ausführen müsse, erfüllt hatte.

Mich erinnert dies an die Kriegsverbrecherprozesse vor dem Tribunal in Nürnberg, und den Prozess gegen Eichmann in Israel, der seit der Wannseekonferenz in Berlin im Jahr 1942 maßgeblich an der Vorbereitung und der Durchführung der Massenvernichtung der Juden beteiligt war, der aber bis zu seiner Verurteilung zum Tod durch den Strang zu seiner Verteidigung anführte, nie persönlich einem Juden auch nur ein Haar gekrümmt zu haben, sondern immer nur Befehle ausgeführt hatte.

Fast hätte ich es übersehen, dass es in meiner Aufzählung noch eine weitere Person gibt, deren moralisches Verhalten nur schwer zu verstehen ist.

Es handelt sich um einen lutherischen Feldgeistlichen (sein Name war heute nicht mehr zu ermitteln), der für den glücklichen Start des Hiroshima Bomberflugzeugs ein Gebet sprach mit folgenden Worten:

> *„Allmächtiger Vater, der Du die Gebete jener erhörst, die Dich lieben, wir bitten Dich, denen beizustehen, die sich in die Höhen Deines Himmels wagen und den Kampf bis zu unseren Feinden vortragen. Wir bitten Dich, dass das Ende des Krieges bald kommt und dass wir wieder einmal Frieden auf Erden haben. Mögen die Männer, die in dieser Nacht den Flug unternehmen, sicher in Deiner Hut sein, und mögen sie unversehrt zu uns zurückkehren. Wir werden im Vertrauen auf Dich weiter unseren Weg gehen, denn wir wissen, dass wir jetzt und für alle Ewigkeit unter Deinem Schutz stehen. Amen.“*

Hätte sich dieser Geistliche nicht besser vor das Flugzeug auf die Rollbahn stellen müssen, um zu versuchen, es am Start zu hindern?

In den Jahren nach 1945, nach Kriegsende, hatten dann allerdings alle führenden Nationen erkannt dass, um in Zukunft eine wichtige Rolle im Weltgeschehen zu spielen, der Besitz der Atombombe unbedingt erforderlich sei.

Dies führte dazu, dass nach und nach, fünf Länder, nämlich USA, Russland, Frankreich, Großbritannien und China, einsatzfähige Atomwaffen entwickelten und heute in ihren Arsenalen haben.

Weitere vier Länder, Nordkorea, Indien, Pakistan und Israel zählen zwar offiziell nicht bestätigt, mit größter Wahrscheinlichkeit aber angenommen, ebenfalls zu den Atommächten.

Vor allem zwischen den Weltmächten USA und Russland besteht seitdem ein ständiges Bestreben, eine Balance des Overkills zu halten, um bei einem Angriff der Gegenseite unter Einsatz von Atomwaffen in der Lage zu sein, dem Gegner ebenfalls mit einem atomaren Gegenschlag zu antworten, ihn wenn möglich, sogar vernichten zu können.

War also der erste Einsatz von Atomwaffen, der mehreren hunderttausend Menschen das Leben kostete, vielleicht sogar ein Segen für die Menschheit? Hat uns die Existenz des Overkills vielleicht sogar Frieden garantiert und große, kriegerische Auseinandersetzungen unwahrscheinlich, vielleicht sogar unmöglich gemacht?

Es gibt durchaus Punkte, die dafür sprechen.

Ist es vermessen zu fragen, ob die Atombombenabwürfe in Hiroshima und Nagasaki mit insgesamt 300.000 Opfern nicht auch einen Nutzen für die Menschheit gebracht haben?

Eines ist sicher, die grauenhafte Wirkung dieser ersten Atombombeneinsätze in einem Krieg haben den Staatsmännern überall auf der Welt gezeigt, welche Schreckensszenarien sie durch ihr Handeln herbeiführen können.

Betrachten wir z. B. die Kuba-Krise im Jahr 1962.

Russland und die Vereinigten Staaten von Amerika befanden sich in einem Zustand des kalten Krieges, in dem beide Seiten ständig befürchteten, durch einen atomaren Erstschlag des Gegners entscheidend geschlagen werden zu können.

Da Amerika in Europa tausende atomare Waffen einsatzbereit gelagert hatte, darunter auch viele in Westdeutschland, war es das Bestreben der Verantwortlichen, Russlands Orte zu finden, an denen sie ebenfalls, in erreichbarer Nähe Amerikas, ihre Atomwaffen stationieren könnten.

Das politische Klima zwischen Amerika und Kuba war zu diesem Zeitpunkt auf einem absoluten Tiefpunkt angekommen. Und da Kuba zu dieser Zeit wirtschaftlich 100 %-ig von Russland abhängig war, bot Fidel Castro den Russen an, sein Land für die Stationierung russischer Atomwaffen zur Verfügung zu stellen.

Wäre dies gelungen, hätte dies bedeutet, dass alle amerikanischen Großstädte und Wirtschaftszentren für die russischen Atomraketen in unmittelbarer Reichweite gelegen hätten.

Als im Jahr 1962 amerikanische Aufklärungsflugzeuge bereits fertig installierte Raketenabschussbasen in Kuba entdeckten und herausfanden, dass russische Frachtschiffe, beladen mit weiteren Raketenteilen, sich schon kurz vor Kuba befanden, verhängte der damalige Präsident Kennedy eine Seeblockade und ordnete eine generelle Mobilmachung der amerikanischen Luft-, See- und Landstreitkräfte auf der höchsten Stufe an.

Hätten die russischen Schiffe nicht in letzter Minute den von den Amerikanern geforderten Befehl zum Abdrehen von ihrem Kurs befolgt, wäre Kennedy gezwungen gewesen die russischen Schiffe anzugreifen.

Mit allergrößter Wahrscheinlichkeit wäre es dann nicht bei einer militärischen Auseinandersetzung mit konventionellen Waffen geblieben, sondern eine der kriegsführenden Parteien hätte, früher oder später, zum Einsatz von Atomwaffen gegriffen.

Die schrecklichen Auswirkungen der Atombombenabwürfe von Hiroshima und Nagasaki vor Augen brachten Kennedy und Chrustschow schließlich dazu, den Konflikt diplomatisch zu lösen.

Die beiden Atombombenabwürfe über Hiroshima und Nagasaki verursachten 300.000 Opfer.

Waren es diese Opfer, die schließlich dazu führten, dass in der Kuba-Krise ein Krieg, sogar ein mit Atomwaffen ausgetragener Krieg, vermieden werden konnte, der die Welt wahrscheinlich an den Rand vollständiger Zerstörung gebracht und vielleicht Millionen von Opfern gekostet hätte?

Liegt es doch an dem nach dem Zweiten Weltkrieg aufgebauten, gegenseitigen „Overkill", dass die Großmächte Russland, Amerika und China zwar des Öfteren in lokal begrenzte Stellvertreterkriege verwickelt waren, wie z.B. im Vietnamkrieg, oder dem Krieg auf dem Balkan, dass es aber nie mehr zu einer direkten Konfrontation der Großmächte gekommen ist?

Wenn dem tatsächlich so ist, dann waren die 300.000 Opfer in Hiroshima und Nagasaki nicht umsonst, dann haben sie vielleicht eine Opferrolle gespielt, um die Menschheit vor weit größerem Unheil zu bewahren.

Bei einer Betrachtung der kriegerischen Auseinandersetzungen nach dem Zweiten Weltkrieg, sei es in der Korea-Krise 1950 bis 1953, in der die beiden koreanischen Staaten Nordkorea und Südkorea, jeweils unterstützt von ihren Verbündeten China und USA, sich gegenüberstanden, oder im Vietnam-Krieg oder in der Befreiung Kuwaits vom Irak, es waren jeweils zwar meist die Global Players Amerika und Russland beteiligt und trotzdem versuchten die Parteien die über Atomwaffen verfügten nicht direkt mit der über Atomwaffen verfügenden Gegenseite konfrontiert zu werden.

Der Besitz von Atomwaffen scheint darüber hinaus auch eine Garantie dafür zu sein, dass man aus Angst vor dem atomaren Gegenschlag nicht direkt angegriffen wird.

Dieses Wissen, diese Nichtangriffsdoktrin ist wahrscheinlich auch der Grund, weshalb Machthaber wie Kim Jong Un von Nordkorea unter Inkaufnahme von Hungersnöten der eigenen Bevölkerung trotzdem alle notwendigen finanziellen Mittel aufbringen, die notwendig sind, um in den Besitz der Atombombe zu gelangen und dadurch eine Quasi–Nichtangriffsgarantie zu erlangen.

Liegt also in der Existenz des gewaltigen, überall auf der Welt verstreuten Atompotentials also doch ein Segen für die Menschheit, dass 300.000 gestorben sind, um dadurch, vielleicht Millionen Menschenleben zu retten?

Bis heute sieht es so aus.

Allerdings schwebt eine andere, tödliche Gefahr wie ein Damoklesschwert über uns.

Es ist die Gefahr, dass ein skrupelloser Politiker einmal seine Macht missbrauchen und Atomwaffen einsetzen wird, oder, dass Terroristen in den Besitz von Atomwaffen

kommen könnten, und so eine atomare Katastrophe über die Menschheit herbeizuführen in der Lage wären.

6) Überlegungen zum Dasein

Bis zum Tod meiner Frau im Januar des Jahres 2009 war das Wort Seele im Universum der 100.000 Wörter ein Wort, dem ich nie eine besondere Bedeutung beigemessen hatte.

Hätte mir irgendjemand das erzählt, was ich nachfolgend beschreibe, dann hätte ich geglaubt, dass derjenige den Menschen, den er in den Tod begleitete, sehr geliebt hatte und er sich das Erlebte nur zusammenphantasiert hat.

Ich bin eigentlich ein ziemlich realistischer Mensch und habe meine Frau sehr geliebt, was ich erlebt habe, entspringt aber nicht meiner Phantasie sondern ich habe, nahezu genau wie auf dem beiliegenden Holzschnitt eines mittelalterlichen Meisters dargestellt, im Moment des Todes meiner Frau gesehen wie, im Bruchteil einer Sekunde, aus ihrem Mund ein nebelgleicher Dunst in der Form eines Kerzenschimmers emporstieg.

Holzschnitt aus dem frühen 16. Jahrhundert, abrufbar unter:
https://de.wikipedia.org/wiki/Seele#/media/Datei:Seele_entweicht.jpg

Dieses Erlebnis hat mich so beeindruckt und geprägt, dass ich danach anfing mich intensiv mit dem Begriff Seele zu befassen.

Seit Jahrhunderten diskutieren, vor allem Philosophen, was es mit der Seele auf sich hat, ob es eine Seele gibt, wenn ja, wo sie im Körper des Menschen „wohnt", ob die Seele Teil des menschlichen Organismus ist oder ein Eigenleben führt, vor allem aber was mit der Seele nach dem leiblichen Tod des Menschen geschieht.

Zwei große Strömungen gibt es bei diesen Überlegungen, die sich vor allem in der christlich/jüdischen Religion, aber auch in allen anderen Weltreligionen widerspiegeln und sehr gegensätzlich gegenüberstehen.

Zwei grundsätzliche Gedanken kommen dort zum Ausdruck.

Auf der einen Seite wird dargestellt, dass auch die Seele mit dem letzten Atemzug des Menschen stirbt, die andere Seite wiederum geht davon aus, dass die Seele unsterblich ist.

Da ich kein Philosoph bin und auch nur bruchstückhafte Kenntnisse von den Gedanken der großen Philosophen habe, habe ich mir einfach meine eigenen Gedanken zur Existenz oder Nicht-Existenz einer Seele gemacht.

Als einigermaßen gottgläubiger Mensch - fragen Sie mich aber bitte nicht, wie ich mir Gott vorstelle - berufe ich mich auf den im Alten Testament beschriebenen Schöpfungsvorgang des Menschen.

GOTT SCHUF DEN MENSCH AUS TON UND HAUCHTE IHM DANN DAS LEBEN EIN.

Nach meinem Verständnis war dies die Geburtsstunde der Seele.

Wenn dem so ist, dann würde es auch naheliegen, dass mit dem letzten Atemzug des Menschen, vor seinem Tod, die Seele den leiblichen Körper verlässt und er dadurch unsterblich wird, so wie es der Philosoph Platon sieht.

Dieser Gedanke würde auch dazu überleiten, den im religiösen Sinn existierenden Gedanken vom **LEBEN NACH DEM TOD** zu erklären.

Oft wird der Begriff Seele mit Psyche gleichgesetzt.

Dies ist nun eine grundsätzliche Frage, ob unserer Empfinden von Freude, Trauer, Glück usw. aus der Psyche entspringt oder seelischen Ursprungs ist.

Was es uns so schwer macht uns die **SEELE** vorzustellen, ist die Tatsache, dass sie nicht sichtbar, nicht greifbar, nicht beweisbar ist.

Aber sind nicht auch andere physikalische Gegebenheiten wie der Schall, die Erdanziehung, der Ton, nicht nachvollziehbar und trotzdem fester Bestandteil unseres Wissens?

Bleibt nur noch die Frage, was geschieht mit der Seele, wenn sie den sterbenden Körper verlässt, wohin geht sie?

Darauf gibt es, kann es nur eine Antwort geben.

Unendlich ist unser Universum, unendlich groß, um allen Seelen der Menschheit auf Ewigkeit ein Zuhause zu gewähren.

7) Charles Darwin

In der Schöpfungsgeschichte heißt es:

Gott freute sich über Sonne, Mond und Sterne und Gott sah, dass es gut war.

So ging der vierte Tag zu Ende.

Am nächsten Tag, dem fünften Tag sagte Gott: „Im Wasser und in der Luft sollen Tiere leben“, und so schuf er die großen und kleinen Fische, die Krebse, die Adler, die Spatzen und noch viele Tiere mehr, und auch den Menschen.

Dies ist eine der Erkenntnisse die Charles Darwin sicher sehr beeindruckt und in seiner späteren Entwicklung beeinflusst hat.

Ein weiterer Kernsatz, den Darwin sogar selbst geprägt hat, ist:

„Der Mensch stammt vom Affen ab“.

Charles Darwin (1809 – 1882) wurde als fünftes Kind einer gutbürgerlichen englischen Familie geboren.

So war es vorgegeben, dass Darwin wie seine Eltern studieren sollte, weshalb er auf Anraten seines Vaters, der Arzt war, mit dem Medizinstudium begann.

Da ihn diese Materie aber nicht begeistern konnte, schon zu dieser Zeit zog er es vor, die Natur zu erkunden und Muscheln, Kleintiere und Mineralien zu sammeln, brach er das Medizinstudium ab und begann, wieder von seinem Vater beeinflusst, ein Theologiestudium.

Obwohl er auch dieser Disziplin nichts abgewinnen konnte, schloss er im Jahr 1831 sein Theologiestudium erfolgreich ab.

Zu dieser Zeit hatte er aber schon längst Kontakt zu führenden Botanikern aufgenommen, mit dem Sammeln von Käfern begonnen und zahlreiche entomologische Exkursionen unternommen, die ihn meist nach Nord Wales führten.

Auch belegte er schon regelmäßig Botanik-Vorlesungen und knüpfte erste Kontakte zu namhaften Forschern dieser Wissensgebiete.

Auch mit Humboldts Berichten von dessen Reise in die Aequinoctial-Gegenden machte er Bekanntschaft und wurde von diesen angeregt eine Forschungsreise zu den Kanarischen Inseln, insbesondere nach Teneriffa, zu planen. Diese Reise kam aber nicht zustande.

Im Jahr 1831 ereignete sich dann ein Vorfall der Darwins gesamtes, späteres Leben beeinflussen sollte.

Er fand ein Schreiben vor, von Steve Henslow, seinem Lehrer.

Henslow teilte ihm darin mit, dass Kapitän Robert Fitz Roy vorhatte eine große Expedition mit seinem Schiff Beagle nach Patagonien und Feuerland zu unternehmen, um dort kartographische Vermessungen vorzunehmen.

Für diese Reise suchte er noch einen, naturwissenschaftlich gebildeten, Begleiter.

Darwin nahm Kontakt auf zum Kapitän des Schiffes „HMS Beagle“ holte sich die Zustimmung seines Vaters ein und begann im Dezember 1831 die Reise.

Insgesamt fünf Jahre, von 1831 – 1836, sollte diese Reise dauern.

Von den Kapverdischen Inseln ging es an die Südamerikanische Ostküste, nach Brasilien, Uruguay, Feuerland, die Falklandinseln, Argentinien, Valparaiso, Neuseeland, Australien, die Galapagosinseln und Tahiti.

Während der teilweise wochenlangen Aufenthalte an den einzelnen Stationen der Reise, an denen die Besatzung die Vermessungsarbeiten durchführte, hatte Darwin Zeit tagelang die Urwälder zu durchstreifen oder Korallenriffe zu untersuchen, und bei diesen Exkursionen Tausende Insekten, Reptilien oder anderes zoologisches und botanisches Material zu sammeln.

Nach fünf endlosen Jahren kehrte die Beagles im Jahr 1936 nach England zurück. Während all dieser Jahre hatte Darwin tausende Muster gesammelt, er hatte mehrere Reise–Notizbücher verfasst und später berichtet, dass diese Reise zum Höhepunkt seiner Lebenserfahrung geworden war.

Hatte er bis zu diesem Zeitpunkt, sicher auch beeinflusst durch sein Theologiestudium, auch die Schöpfungstheorie, wonach Gott den Menschen nach seinem Willen erschaffen hatte, nie angezweifelt, so kamen ihm zu dieser Zeit erste Zweifel am vom Gott geschaffenen Mensch.

Schon 1937 kam er zu der Erkenntnis, dass der Mensch nur am Ende einer, mit der ersten Zelle beginnenden Evolution steht – dass der Mensch direkter Nachkomme des Affen sei.

In den Folgejahren veröffentlichte Darwin zahlreiche Bücher, alle auf der Grundlage seiner bei der Exkursion gewonnenen Erkenntnisse, aber erst im Jahr 1856 begann er mit seinem Werk „The natural selection“, das er im Jahr 1858 beendete und das ihn als den führenden Evolutionswissenschaftler bekannt machte.

Darwins Beschreibung, dass der Mensch nicht das von Gott geschaffene Wesen sei, sondern sogar vom Affen abstamme, löste seinerzeit riesige kontroverse Diskussionen aus.

Obwohl Darwin auf Grund dieser, seiner eigenen Erkenntnisse stark vom religiös geprägten Glauben abwich, stellte er trotzdem nie in Frage, dass es doch eine übergeordnete, führende Hand geben müsse, obwohl er dabei immer das Wort Gott vermied.

Darwin bezeichnete sich selbst als Agnostiker („Ich weiß, dass ich nichts weiß").

Mir steht es nicht zu, Darwins Evolutionserkenntnisse anzuzweifeln.

Was ich mir jedoch erlaube anzumerken, ist die Tatsache, dass er seine Infragestellung von Gott nur auf seine botanischen und zoologischen Erkenntnisse aufbaut. Wenn er seine Beweiskette bei der ersten Zelle beginnt und diese beim Menschen beendet, dann frage ich mich, warum er nicht weiter zurückgeht, um doch Gottes Spur zu finden.

Darwin lässt, meiner Meinung nach, der vielleicht differenzierter ausfallenden Interpretation seines Standpunktes zu wenig Raum.

Andreas Tammann, ein deutscher Astronom, empfiehlt den Forschern z. B. etwas mehr Demut, indem er sagt: „Letztlich, glaube ich persönlich, wird man das Universum überhaupt nie verstehen können."

Der Urknall selber, (der Urknall wurde erstmals vom Belgischen Theologen und Physiker Georges Lemaitse 1931 als primordiales Atom erwähnt) mit dem das Universum anfing, wird letztlich immer eine Hypothese bleiben, und wir werden auch zum Beispiel nie die Frage beantworten können, ob das

Universum endlich oder unendlich ist. Es gibt also Fragen, von denen ich glaube, deren Beantwortung für uns immer unmöglich sein werden.

Darwin hat sich offensichtlich zu sehr von seinen, auf seiner großen Entdeckungsreise gesammelten Eindrücken und Erkenntnissen leiten lassen und dabei übersehen, dass eine kleine, blaue Kugel durch die unermesslichen Weiten des Kosmos treibt und diese kleine Kugel bevölkert ist von uns Menschen, von denen viele meinen, so wie auch Darwin, sie könnten alles enträtseln. Ist das Naivität oder Größenwahn?

Und ein anderer Gelehrter, Guy Consolmagno, ein amerikanischer Astronom und Jesuit, der gleichzeitig Direktor der Vatikanischen Sternwarte ist, formuliert, dass Wissenschaft und Religion kein Widerspruch ist, sondern untrennbar miteinander verbunden sind. Er sagt: „Ist es nicht so, dass mir die Wissenschaft die Antworten auf die Fragen liefert, die ich in der Religion habe und umgekehrt. Aber beide geben mir den Grund, mich mit dem jeweils anderen zu beschäftigen. **Die Wissenschaft ist für mich ein Spielplatz, auf dem ich Gott begegne und mit ihm spiele**“.

Ist es vielleicht so, dass wir Menschen, so wie jeder Stein, jedes Lebewesen, jeder Stern, eine zufällige Existenz erhielten? Ist es nicht vielleicht so, dass wir Menschen beten, hoffen und bitten, obwohl die göttliche Macht uns nur als ein zufälliges Teil im göttlichen Universum betrachtet, das sich selbst zu wichtig nimmt?

Darwin konnte nicht tauchen, weil es zu dieser Zeit noch keine Tauchausrüstung gab. Ich habe in mehreren hundert Tauchgängen überall auf der Welt oft Momente erlebt, in denen ich während des Tauchgangs ganz nah bei Gott war. Wo ich, geblendet von der Pracht der Fische und Korallen im tropischen

Meer, zur Erkenntnis kam, dass dies nicht alles zufällig entstanden sein kann – auch wenn Darwins Idee von der Evolution richtig ist.

Deshalb sollte, meiner Meinung nach, die Evolutionstheorie Platz lassen für die Überlegung, dass auch diese geführt wurde von einer höheren, gestaltenden Hand.

8) Brauchen wir die Philosophie?

Wenn ich überlege, dass die Philosophie Jahrhunderte benötigte, bis Descartes im Jahr 1641 formulierte: „Ich denke, also bin ich“ und dieser Gedanke in der Philosophie bis heute als bahnbrechende Erkenntnis betrachtet wird, dann erlaube ich mir die Frage: „Wo würde unsere Welt heute stehen, wie würde sie heute aussehen, wenn es Descartes Aussage nicht gegeben hätte?

Ich wage es zu sagen: „Die Welt von heute wäre nicht um ein Deut anders“.

Betrachtet man die Philosophen als eine Art Menschen, die mit ihrem Denken einen Beruf ausüben, sei es als Forscher oder als Inhaber eines Lehrstuhls, dann frage ich mich, wo und wie haben sie die Welt verändert, wo und wie verändern sie die Welt heute?

Ein Lehrer vermittelt Wissen, ein Arzt kann heilen, ein Buchhalter sorgt für ein richtiges Zahlenspiel, sie alle üben Berufe aus denen man ein praktisches Ergebnis zuordnen kann.

Philosophen dagegen „philosophieren“ über oft sogar grundsätzlich gegenüberstehende Theorien die sich im Nachhinein oft auch als grundsätzlich falsch herauskristallisiert haben.

Ich will hier nur ein Beispiel nennen:

In seinem Werk „Politeia“ formuliert Platon (428 v. Chr.) (ich kann es nur träumerisch nennen):

> *„Wenn nicht in den Staaten entweder die Philosophen Könige werden oder die, welche man jetzt Könige und Herrscher nennt, echte Philosophen werden, und wenn nicht diese beiden, die politische Macht und die*

> *Philosophie, in eines zusammenfallen und all die vielen Naturen, die heute ausschließlich nach dem einen oder anderen streben, zwingend ausgeschlossen werden, dann mein lieber Glaukon, gibt es kein Ende der Übel für die Staaten und, wie ich meine, auch nicht für die Menschheit."*

In einer folgenden Zweitschrift schwächte Platon dann seine eigenen Aussagen deutlich ab.

Diese hält aber nachfolgende Philosophen nicht davon ab, so z.B. Immanuel Kant (1724 – 1804), sich noch Jahrhunderte später intensiv mit Platons Philosophie zu befassen, indem er in seiner Schrift „Zum ewigen Frieden" Platons Überlegungen zum Philosophenstaat widerspricht, mit den Worten:

> *„Dass Könige Philosophen, oder Philosophen Könige würden, ist nicht zu erwarten oder auch nicht zu wünschen, weil der Besitz der Gewalt das freie Urteil unvermeidlich verdirbt.*
>
> *Dass aber Könige oder königliche sich selbst nach Gleichheitsgesetzen beherrschende Völker die Klasse der Philosophen nicht schwinden oder verstummen, sondern öffentlich sprechen lassen, ist Beiden zur Beleuchtung ihres Geschäfts unentbehrlich."*

Und selbst bis in die neuere Vergangenheit setzt sich der Streit der Philosophen über Platons Philosophie zum Philosophenstaat weiter fort, indem nämlich Karl Popper (1902 – 1994) 2000 Jahre nach Platons Veröffentlichung im ersten Band seiner Schrift *„Die offene Gesellschaft und ihre Feinde"*, veröffentlicht im Jahr 1945, heftig Kritik an Kants Auslassungen übt.

Darin kritisiert er insbesondere Platons Wunschvorstellung, einen moralisch und geistig perfekten Philosophen zu finden, der zur Führung eines Staates geeignet wäre.

Gehe ich z. B. davon aus, dass Karl Marx auch der Gruppe der Philosophen zugeordnet werden kann, dann haben sich seine Überlegungen im wirtschaftlichen Bereich „ALLE MACHT DER ARBEITENDEN BEVÖLKERUNG“ doch auch als fundamentale Fehleinschätzung erwiesen.

Nachdem die Länder, die dieser „Marxschen Theorie“ folgten, Russland, die Staaten des Ostblocks, Kuba, später China, daran fast wirtschaftlich kollabiert wären und nach und nach alle, mit Ausnahme Kubas, das kapitalistische System übernahmen, gelang es ihnen, zwar auch mit den Mängeln behaftet, die der Kapitalismus mit sich bringt, nach und nach der Bevölkerung einen bis dahin nicht gekannten Wohlstand zu bringen.

Verglichen mit den vorkapitalistischen Zeiten haben die Menschen, was die Arbeitszeit angeht, noch nie so wenig gearbeitet, und sie haben noch nie so sehr am Erwirtschafteten teilgenommen.

Auch was den Einfluss der Philosophen auf das Weltgeschehen angeht, kann ich keinerlei Erfolge sehen.

Konnten Philosophen Kriege verhindern, konnten Philosophen blutrünstige Diktatoren wie Hitler oder Stalin in ihrer Machtausführung beeinflussen, konnten sie zu neuen Erkenntnissen was die Weltreligionen betrifft, beitragen?

In keinem dieser Gebiete kann ich irgendwelche Einflüsse, noch weniger irgendwelche positiven Einflüsse erkennen.

Wenn ich so weit gehe, die Philosophie als brotlose Kunst zu bezeichnen, dann werden Sie mir wahrscheinlich vorwerfen, dass mir der Intellekt fehlt um den Kern der Philosophie zu verstehen.

Vielleicht haben Sie damit sogar Recht.

Dem halte ich aber dagegen, dass z. B. einer der bekanntesten, im philosophischen Milieu tätige Deutsche, Richard David Precht, sehr brauchbare Überlegungen anstellt.

Diese sind, meiner Meinung nach, deshalb „brauchbar“ da sie sich nicht mit philosophischen Träumereien befassen, sondern den Versuch machen, die gegenwärtigen Verhältnisse zu analysieren und, was ich noch besser finde, versuchen, Wege zu zeigen wie sich unsere Gesellschaft auf die Zukunft vorbereiten könnte.

Vor dem Verfassen dieses Artikels und natürlich auch während des Schreibens der Zeilen, die sie soeben gelesen haben, habe ich mich natürlich viel mit der Philosophie, deren wichtigste Vertreter und deren Kerngedanken befasst.

Manchmal habe ich mich dabei gefragt ob meine Headline „Brauchen wir die Philosophie?“ nicht zu provokant gestellt ist. Trotz aller Überlegungen lasse ich sie bewusst so stehen und zwar auch vor dem Hintergrund des Denkens zeitgenössischer Philosophen wie Habermas.

Wenn Habermas sagt, dass seiner Meinung, nach jeder Flüchtling ein Recht auf Asyl hat, dann frage ich mich, ob Habermas nicht in der Lage ist, die Konsequenzen zu realisieren, die allein aus den Ereignissen des Jahres 2015 resultierten, und wo, wie aus dem Erdboden geschossen, plötzlich radikale, ultrarechts tendierende Parteien in ganz Europa geboren wurden.

Es ist allgemein bekannt, dass in Afrika Millionen Menschen auf gepackten Koffern sitzen und nur darauf warten, ihr Glück in Europa zu suchen.

Würde man diesen Menschen den Weg nach Europa öffnen, würde man all diesen Menschen „Asyl gewähren“ wie es Habermas „denkt“, dann würde dies den rechtspopulistischen Parteien in Europa derart Zulauf verschaffen, dass am Ende es sogar denkbar wäre, dass Parteien, die dem Hitler'schen Denken verfallen sind, sogar Regierungen stellen würden.

Oder nehmen Sie ein anderes Beispiel.

Scheint es sinnvoll, scheint es notwendig, dass im Jahr 1974 der französische Philosoph Sartre den Mörder Andreas Baader im Gefängnis in Stammheim besucht?

Ist es zu Ende gedacht, wenn Sartre dies rechtfertigt, dass die RAF doch nur einen Weg suchte, um das kapitalistische System zu überwinden?

Hatte Sartre das Recht, nach seinem nur einstündigen Besuch bei Baader davon zu sprechen, dass ihm das Gesicht eines gefolterten Menschen begegnet war?

Hätte Sartre nicht auch die Witwen oder Familienangehörigen besuchen müssen, die von Mitgliedern der RAF ermordet worden waren?

Wir allgemein Sterblichen haben weder die Muße, noch die Zeit die Frage zu beantworten: „Wer sind wir eigentlich?“

Ja, Philosophen können mit ihren profunden Überlegungen helfen, der Beantwortung solcher Fragen näherzukommen.

Gehen wir aber weiter und fragen sie nach dem „Woher kommen wir und wohin gehen wir?“ dann können wir auf solche Fragen auch von den Klügsten aller Philosophen keine Antwort erwarten.

9) Was ist Glück?

Es ist Samstagabend. Die Tagesschau ist vorbei und nun erscheint die Lotto-Fee auf dem Bildschirm und verkündet die sechs Zahlen, die für diese Woche im Lottotopf ausgespielt wurden: 6, 13, 21, 19, 33, 41. Mist. Wieder einmal lag ich völlig daneben, wieder einmal „kein Glück" gehabt. In Wirklichkeit aber lag es ausschließlich an mir, dass ich eben, wie fast immer, die falschen Zahlen angekreuzt hatte.

Hatte nun derjenige „Glück" der die richtigen sechs Zahlen ausgewählt hatte und der ab heute Abend Millionär ist?

Wahrscheinlich schon, wenn die Lottokugel aus mehreren Millionen Möglichkeiten ausgerechnet in den Fächern 6, 13, 21, 19, 33 und 41 liegen blieb.

Ob er aber ab heute Abend auch glücklicher sein wird, das ist eine andere Frage.

Sicher kann man das Wort „Glück" anwenden, wenn bei einem Flugzeugabsturz mit 200 Personen an Bord 180 sterben und 20 überleben.

Hatten die 20 Überlebenden einfach Glück, als ihnen mit der Bordkarte gerade die Sitze zugewiesen wurden, die ihr Überleben möglich machten?

Seit 2000 Jahren versuchen fast alle namhaften Philosophen wie Heraklit, Demokrit, Platon, Aristoteles, Antisthenes, Xenokrates, Epikur, zu interpretieren was Glück bedeutet.

„Eudaimonie", ein schwieriges Wort.

Ich muss nachschauen, was es bedeutet, und finde bei Google eine Erklärung, die sinngemäß widergibt:

„Eudaimonie“ stammt aus dem Altgriechischen und sagt sinngemäß:

„Dass man einen Zustand erreicht, den man Glück nennen kann, wenn man nach den Grundsätzen und Anforderungen einer philosophischen Ethik und dem damit ausgeglichenen Gemütszustand lebt.“

Nachfolgend führe ich einige Kernsätze auf, die namhafte Philosophen zum Thema Glück prägten:

Mark Aurel: „Das Glück im Leben hängt von den guten Gedanken ab die man hat.“

Ralph Emerson: „Glück ist ein Parfüm, das du nicht auf andere sprühen kannst, ohne selbst ein paar Tropfen ab zu bekommen.“

Ludwig Feuerbach: „Deine erste Pflicht ist, dich selbst glücklich zu machen. Bist du glücklich, so machst du auch andere glücklich.“

Aristoteles: „In der Muße scheint das Glück zu liegen. Es gehört denen, die sich selbst genügen“.

Konfuzius: *„Wer ständig glücklich sein möchte, muss sich oft verändern“.*

Wie ich eingangs schon erwähnte scheint das Substantiv „Glück“ nur auf eine ganz kleine Anzahl von Geschehnissen anwendbar.

Wesentlich häufiger scheinen mir da Gemütszustände zu sein, nämlich zufrieden zu sein, mit sich selbst und mit der Umwelt im Reinen zu sein.

Dies glaube ich auch aus den Aussagen der Philosophen lesen zu können, die ich erwähnte.

Da sich die Philosophen in einem Zeitraum von über 2000 Jahren nicht einig werden konnten was sich hinter dem Begriff „Eudaimonie“ genau verbirgt, will ich versuchen einen anderen, vielleicht leichter zu folgenden Weg einzuschlagen.

Zwei kroatische Psychologinnen, Dubravka Miklovic und Majda Rigavec von der Universität Zagreb, glauben herausgefunden zu haben, dass sechs Voraussetzungen unerlässlich sind für ein glückliches Leben im Alltag.

a) Gute Freunde

Aristoteles sagte: “Freundschaft ist eine Seele in zwei Körpern“.

Freundschaften spiegeln sich im Laufe eines Lebens auf unterschiedlichen Ebenen ab.

Oft entstehen schon im Kindergarten erste Freundschaften, die aber meist oberflächlicher Natur sind, unbeständig und meist kurzlebig.

Später, erstmals im pubertären Alter, erreichen Freundschaften schon einen intensiveren Grad der Beziehung. Bei jungen Männern taucht da zum ersten Mal der „Kumpel“ auf, mit dem man vieles teilt.

Bei Frauen allerdings gibt es in diesem Alter dann oft schon „die beste Freundin“ und diese Freundschaft bleibt oft über viele Jahre, manchmal sogar Jahrzehnte bestehen.

In späteren Jahren hat sich dann meist ein zwar kleiner, aber tief verwurzelter Freundeskreis entwickelt.

Diesen echten Freunden kann man alles, auch die intimsten Geheimnisse, anvertrauen, sie sind da, wenn man sie braucht.

b) Eine stabile Liebesbeziehung

Eine gut funktionierende Liebesbeziehung wird oft als Jungbrunnen für das Leben bezeichnet – dies gilt übrigens auch für Paare, die das achte Jahrzehnt schon überschritten haben.

Man bezieht aus einer solchen tiefen Beziehung die Erkenntnis, vor allem aber das Gefühl „ dass immer einer für einen da ist, man kann mit dem Partner über alles sprechen, man hat in jüngeren Jahren Sex miteinander, man fühlt sich begehrt, und man kann Leben schenken, wenn man Kinder zeugt, man ist in einem permanenten Zustand des *Altruismus,* indem man dem Partner Gutes tut, ohne eine Gegenleistung zu erwarten. Man hat jemand der einen herausholt, wenn man in ein tiefes Loch gefallen ist und man weiß, dass man in der letzten Stunde die Hände des Partners halten kann, wenn einer einmal gehen muss.

So wie ein guter Freund deinen emotionalen Haushalt auffüllt, wird dir dies erst recht in einer liebevollen Beziehung passieren und sich positiv auf dein Glücksgefühl aber auch auf deine Gesundheit auswirken, dein Körper wird Glückshormone ausschütten.

Einer der eine liebevolle Beziehung besonders intim schildert, ist der libanesische Schriftsteller Khali Gibran. Er schreibt:

> „Aber lasst Raum zwischen euch. Und lasst die Winde des Himmels zwischen euch tanzen. Liebt einander, aber macht die Liebe nicht zur Fessel. Lasst sie eher ein wogendes Meer zwischen den Ufern eurer Seelen sein. Füllt einander den Becher, aber trinkt nicht aus einem Becher. Gebt einander von eurem Brot, aber esst nicht vom selben Laib. Singt zusammen und seid fröhlich, aber lasst jeden von euch auch allein sein."

Wie profan man allerdings den Begriff des Glücks und einer Liebesbeziehung auch sehen kann, das zeigt Napoleon I Bonaparte, indem er sagt: „Größtes Glück auf Erden ist es, eine Nacht zwischen einer schönen Frau und einem schönen Himmel zu teilen".

c) Eine Arbeit, die zu deinen Fähigkeiten passt und dich zufriedenstellt

Die Anforderungen, die wir an unseren Job stellen, sind vielschichtig und hängen ganz vom einzelnen Individuum ab.

Für manche ist nur ein möglichst hohes Einkommen wichtig, dafür nehmen sie auch Unannehmlichkeiten in Kauf, sogar das Risiko durch die Arbeit krank zu werden, z.B. einen Burnout zu erleiden.

Mehrfach durchgeführte Studien bringen es an den Tag, dass unter den Jobs, die die höchste Zufriedenheit erbringen, kaum ein einziger der oft im Rampenlicht stehenden Berufe ist.

Also finden sich darunter weder der Beruf eines Piloten, noch des Managers, auch Filmschauspieler, Stewardess, Arzt oder Politiker erscheinen wenig erstrebenswert.

Ganz vorne aber rangieren Berufe wie Feuerwehrmann/-frau, Lehrer, Physiotherapeuten, Kunstmaler oder Psychologen.

Alle diese Berufe haben eins gemeinsam: Mit der Ausübung dieser Berufe ist fast immer der Gedanke verbunden etwas Gutes für andere tun zu können, wobei hier die Höhe des Einkommens eine vollkommen untergeordnete Rolle spielt.

Altruismus, also für das Wohl anderer zu handeln und daraus eine Befriedigung zu spüren, scheint für das eigene Wohlbefinden und dadurch für das Erleben von eigenen Glücksgefühlen ausschlaggebend.

d) Genügend Geld für die Grundbedürfnisse

Dass Geld allein nicht glücklich macht, ist eine alte Weisheit.

Im Märchen der Gebrüder Grimm „Der Hans im Glück“ wird dies besonders treffend dargestellt.

„Nach sieben Jahren treuer Arbeit für seinen Herrn spürt Hans Sehnsucht wieder heim zu kehren zu seiner Mutter. Für seine Dienste erhält Hans zur Belohnung einen Klumpen Gold und Hans macht sich auf den Weg. Nach kurzer Zeit begegnet Hans einem Reiter, der ihm sagt, dass er doch nicht so schwer tragen müsste, wenn er das Gold gegen das Pferd des Reiters tauschen würde. Hans akzeptiert den Tausch und setzt seinen Weg fort. Da er aber kein guter Reiter ist, fällt Hans vom Pferd gerade als ein Bauer vorbeikommt, der eine Kuh an einem Seil führt. Wenn du nicht reiten kannst, sagte der Bauer, wäre es doch besser, wir würden das Pferd gegen meine Kuh tauschen. Und wieder stimmte Hans dem Tauschhandel zu. Nach einer Weile wird Hans durstig und er möchte sich an der Milch der Kuh laben, was aber nicht gelingt, weil er nie gelernt hat, wie man eine Kuh melkt. Dies sieht ein gerade Vorbeikommender, der ein Schwein in einem Schubkarren mit sich führt. „Du wärst doch besser dran, wenn du anstatt der Kuh mein Schwein hättest“ sagt der Unbekannte und bringt Hans dazu, die Kuh gegen das Schwein zu tauschen.

Kurz darauf wird Hans von einem Fremden angesprochen, der unter dem Arm eine Gans trägt. Dieser Mann warnt Hans, dass man vor kurzem ein Schwein von einem Bauernhof gestohlen hat und man nun nach dem Dieb sucht. Um Unannehmlichkeiten zu vermeiden, meint der Fremde, dass es für Hans doch besser wäre, wenn er sein Schwein gegen die Gans tauschen würde. Und wieder willigt Hans ein, denn er will natürlich mit dem Schwein keine Probleme bekommen. Auch glaubt er, dass die

Gans mal einen guten Braten gäbe, er gutes Fett und noch dazu auch Federn für seine Bettdecke hätte. Kurz darauf begegnet Hans einem Scherenschleifer, der ihm sagt, dass er mit dem Scherenschleifen doch gutes Geld verdienen könnte – er bräuchte dem Scherenschleifer nur die Gans aushändigen und dieser würde ihm dafür einen Schleifstein geben. Hans träumt davon, von nun an immer und überall Geld verdienen zu können, und tauscht die Gans gegen den Stein.

Hans war jetzt zwar objektiv mittellos, subjektiv aber überglücklich. „So glücklich wie ich", rief er, "gibt es keinen Menschen unter der Sonne".

Wenn man den Wert der Dinge ansieht, die Hans eingetauscht hat, dann hat er sicher kein gutes Geschäft gemacht. Sind aber seine Tauschpartner mit den, oberflächlich betrachtet guten Tauschgeschäften, glücklicher geworden?

Die Gebrüder Grimm geben darauf keine Antwort.

Ob in unserer Industriegesellschaft nun jemand überleben könnte, wenn er nur noch einen Stein als sein Eigen nennen würde, das möchte ich hier doch in Frage stellen. Andererseits denke ich bei dieser Überlegung an meine zahlreichen Asien–Reisen, wo es kaum Sozialleistungen des Staates gibt. Und trotzdem sehe ich vor mir die vielen armen Menschen, die wirklich nicht viel mehr als den erwähnten Stein besitzen, aber meist ein Lächeln im Gesicht tragen und zufrieden wirken.

Wie ist das möglich?

Auf der einen Seite funktioniert in diesen Ländern meist noch das Prinzip der Großfamilie, wonach immer die jüngere Generation für die ältere sorgt, andererseits hilft sich dort jeder selbst, da es ja kein Arbeitslosengeld und auch keine Sozialhilfe gibt, indem sie irgendeinem Kleingewerbe nachgehen.

Es werden Fahrradschläuche repariert, Gemüse verkauft, kleine Näharbeiten ausgeführt. Tausend Tätigkeiten, die helfen, über die Runden zu kommen.

e) Drei schöne Erlebnisse am Tag

Wenn man dies unter dem Gesichtspunkt des Altruismus betrachtet, also Gutes tun für Andere, ohne eine Gegenleistung zu erwarten, dann scheint dies die am leichtesten auszuführende Aufgabe zu sein, um dem Glück näher zu kommen.

Wenn zu dieser Aufgabe auch so einfach zu erfüllende Tätigkeiten zählen, wie den Nachbarn freundlich zu grüßen, mit den Großeltern im Heim zu telefonieren oder der immer freundlichen Kassiererin im Supermarkt mal eine kleine Blume zu überreichen, dann können wir diese Aufgabe wirklich leicht und immerzu erfüllen.

Und was dabei noch das Beste ist, durch das Bereiten der kleinen Freuden werden wir jedes Mal auch selbst ein kleines Glücksgefühl empfinden.

f) Dankbarkeit für alles

Auch die Aufgabe „Dankbarkeit für alles“ erscheint eigentlich leicht, ist aber oft nicht immer selbstverständlich, denn es bedarf einer Aktion, die immer von uns ausgehen muss und bei der wir immer im Zentrum des Geschehens stehen.

Glücklich können wir uns schätzen, wenn wir schon als Kinder gelernt haben, dass die Fürsorge, die uns unsere Eltern entgegenbrachten, nicht selbstverständlich ist, sondern Dank verdient.

Wenn wir dieses Gefühl verinnerlichen konnten, dann wird es uns auch im späteren Leben nicht schwer fallen, Dank zu schenken, dafür aber auch selbst mit dem Gefühl belohnt zu werden, etwas Gutes getan zu haben.

Da wir es in unserem täglichen Leben aber permanent mit positiven oder negativen Erlebnissen zu tun haben und wir genauso mit positiven, aber auch negativen Einflüssen berieselt werden, gibt uns die positive Psychologie eine einfache Zauberformel an die Hand: **ALLES WIRD GUT.**

Wenn wir es schaffen dies zu verinnerlichen, wenn wir es schaffen, daran zu glauben, dass nach schlimmen Erlebnissen auch wieder „bessere Zeiten“ anbrechen werden, dann haben wir einen Riesenschritt getan in Richtung zum glücklichen Empfinden.

Wie sehr sich die Philosophen damit beschäftigt haben, was Glück ist, was es bedeutet, glücklich zu sein, geht aus dem Epigramm des römischen Dichters Martial hervor, der sagt:

> „Fruchtreiche Arbeit, Müh und Fleiß,/ ein wohlverdienter frommer Wandel,/ nicht köstlich doch gut Trank und Speis,/ errungner Reichtum ohn Rechtshandel./ Gesund

> und freier Geist und Leib,/ Behaus – und Kleidung rein und düchtig,/ ein freindlich, keusch und kluges Weib,/ ein Ehbett, fröhlich und doch züchtig./ Trostreicher Schlaf, sorglose Nacht,/ Lieb allen, niemand Leid zufügen,/ ein Herz und Mund, ohn Klag und Pracht,/ mit seinem Stande sich vergnügen./ Gedanken, Freind und Bücher gut,/ was Recht stets lernen oder lehren,/ der Stirn und Zungen gleicher Mut,/ den Tod nicht fürchten, noch begehren."

Wie schön wäre es, wenn unser Glücksempfinden, aber auch die überwiegenden positiven Einstellungen zum Glück, nicht doch getrübt würden von pessimistischen Aussagen.

Karl Marx, dem man ja wohl eine komplette Bauchlandung mit seinen Gedanken des Aufbaus einer kommunistischen Gesellschaft, in der alle gleich sein sollten, unterstellen kann, sagte nämlich auch „...dass das subjektive Glücksempfinden eine Selbsttäuschung sei."

Und auch der französische Philosoph Sartre konnte dem Glücksgefühl nichts Positives abgewinnen, indem er sagte, dass „die Menschen, die sich glücklich nennen, unter einem falschen Bewusstsein litten".

Ich kann einem derartigen Unsinn aus einer sehr persönlichen Erfahrung nur heftig widersprechen.

Im Januar 2009 starb meine Frau an Leukämie.

Ich litt schon Jahre vor dem Tod meiner Frau unter Refluxbeschwerden und hatte, schon Monate vor dem Tod meiner Frau, im Februar des gleichen Jahres wieder eine Endosonographie-Untersuchung meiner Speiseröhre vereinbart. Wenige Tage nachdem diese Untersuchung durchgeführt worden war, wurde ich vom Krankenhaus verständigt, dass man ein bösartiges Speiseröhrenkarzinom diagnostiziert hatte und dringend eine Operation durchgeführt werden musste. Wenige Monate später wurde ich dann einer achtstündigen Operation unterzogen, das heißt, es wurde durch den Thorax und die Bauchhöhle Zugang zur erkrankten Speiseröhre geschaffen, der vom Krebs befallene Teil der Speiseröhre entfernt und das nun fehlende Stück ersetzt, indem der Chirurg den oberen Teil des Magens mit dem verbliebenen Rest der Speiseröhre vernähte.

Weshalb komme ich von Marx und Sartre zu meiner Operation?

Ich glaube jedem Krebspatienten geht es wie mir, als ich die Diagnose Krebs erhielt. „Soll`s das jetzt schon gewesen sein?“. „Warum ausgerechnet ich?“. Viele solcher und ähnlicher Gedanken bewegen einen dann, wenn man, an zahlreichen Apparaturen angeschlossen, hilflos auf der Intensivstation liegt.

Als ich dann nach einigen Tagen, den Befund bekam, dass bei den Biopsie- Untersuchungen, der bei der Operation entnommenen Lymphdrüsen keinerlei Krebszellen nachgewiesen werden konnten und ich die Chance hätte, nach meiner Genesung die Klinik als vollkommen geheilt würde verlassen können, da wurde ich von einem vorher nie erlebten Glücksgefühl überrannt.

Und auch in den Wochen später, als ich wieder erste Waldspaziergänge unternehmen konnte, da spürte ich in meinem Glückempfinden bestimmt keine Selbsttäuschung wie es Karl Marx formuliert hatte, und ich litt auch nicht unter einem falschen Glücksbewusstsein wie Sartre es nannte - da war ich ganz einfach erfüllt von unbeschreiblichen Glücksgefühlen.

10) Kapitalismus Olé

Kapitalismus ist die wertende Bezeichnung für die neuzeitliche kapitalistische Marktwirtschaft.

Einerseits wird er charakterisiert als gesellschaftliches Verhältnis dominiert von Privateigentum an Produktionsmitteln, andererseits als Gesinnung, mithin als Erwerbsprinzip, Rationalität und Individualismus.

> „Die schlechteste Form des Kapitalismus ist immer noch viel besser als die beste Form des Kommunismus" - Spruch eines unbekannten Mannes.

Erste wissenschaftliche Erwähnungen gehen zurück bis in 17. Jahrhundert, als Karl Marx im zweiten Buch „Das Kapital" das Wort Kapitalismus gebrauchte, allerdings damals schon negativ besetzt.

Erste, kapitalismusähnliche Wirtschaftssysteme gehen sogar noch weiter zurück bis ins Mittelalter, als bedeutende Familien wie die Fugger oder die Medicis in Italien, die sich entwickelnde Geldwirtschaft unter ihre Kontrolle brachten und riesige Handelshäuser, vergleichbar mit den heutigen Konzernen, gründeten.

Die frühen Kritiker des Kapitalismus sahen darin ein System, in dem einige Wenige nur das Interesse verfolgten, mit den ihnen gehörenden Produktionsmitteln permanent Waren zu produzieren und diese dann mit Gewinnen zu verkaufen.

Das „Proletariat", das dies möglich machte, wurde dabei bei schlechter Bezahlung und überlangen Arbeitszeiten ausgebeutet.

Dass aber ein Wirtschaften ohne Gewinnerzielung nicht funktionieren kann, wurde später durch viele Wirtschaftsweise wie z.B. Ludwig von der Mises (1881–1973) bewiesen.

Von der Mises sagt, „dass Gewinne eines Unternehmens unbedingt notwendig sind um die zukünftigen Bedürfnisse der Verbraucher besser verstehen und vorhersehen zu können".

Was sind eigentlich Gewinne?

Hermann Simon, ein Professor für Betriebswirtschaft, erklärt dies in ganz einfachen Worten so: „Gewinn ist das, was der Unternehmer (Eigentümer, Aktionär) behalten darf, wenn er alle vertraglich vereinbarten Ansprüche von Mitarbeitern, Lieferanten, Banken, sonstigen Gläubigern und des Staates befriedigt hat".

Am folgenden Beispiel will ich zeigen, dass „gewinnloses Wirtschaften" nicht funktioniert:

Nach der Rückkehr aus dem Ersten Weltkrieg eröffnete der damals 23-jährige Hanns Porst am 1. Juli 1919 in Nürnberg einen kleinen Fotoladen. Mit seinen Werbe- und Marketingmaßnahmen war er seiner Zeit weit voraus und schaffte es in relativ kurzer Zeit, sein Unternehmen zum größten Fotohaus der Welt aufzubauen. Hanns Porst war ein, für seine Zeit weit vorausblickender Unternehmer der seinen Mitarbeitern viele, damals noch nicht selbstverständliche Sozialleistungen bot – **dabei aber die Notwendigkeit nicht aus den Augen verlor, dass eine Firma auch Gewinne erwirtschaften musste.** Im Jahr 1960 übernahm dann sein Sohn Hannsheinz Porst die Unternehmensleitung. Dass Hannsheinz Porst schon vom Innersten her viel Sympathie für sozialistisches Gedankengut hatte, erfuhr die breite Öffentlichkeit als publik wurde, dass Hannsheinz Porst Mitglied der SED war und für die DDR spionierte. Die schon von seinem Vater gezeigte soziale

Einstellung, den Mitarbeitern gegenüber, wollte Hannsheinz Porst noch weit übertreffen als er im Jahr 1972 die „totale Mitbestimmung“ in seiner Firma einführte. 1978/79 zog sich Hannsheinz Porst komplett aus dem Unternehmen zurück.

Von diesem Zeitpunkt an wurde Foto Porst als reine Mitarbeitergesellschaft geführt.

Bei Foto-Porst brachen die Gewinne ein, das Personalmanagement war chaotisch, was schließlich dazu führte, dass Foto-Porst, bis vor wenigen Jahren noch größtes Foto-Haus der Welt, im Jahr 2002 Insolvenz anmelden musste. Das sozialistische Experiment war gescheitert.

Die wirtschaftliche Überlegenheit eines nach kapitalistischen Normen ausgelegten Gesellschaftssystems gegenüber einem nach sozialistischen Regeln operierendem System konnte man nach dem Ende des Zweiten Weltkrieges beobachten, wenn man die ökonomische Entwicklung Westdeutschlands mit der Entwicklung in der DDR vergleicht.

Nach dem Ende des Krieges richteten die Siegermächte Amerika, Sowjetunion, Frankreich und England im besiegten Deutschland vier Wirtschaftszonen ein und zwar drei westliche, die Amerikanische, die Britische und die Französische und die Russische Besatzungszone im östlichen Teil Deutschlands. In den westlichen Besatzungszonen wurden die im Krieg besiegten Deutschen von Anfang an, beim wirtschaftlichen Wiederaufbau unterstützt, insbesondere durch den von dem damaligen US-Außenminister Georg Marshall, gleich nach Kriegsende ins Leben gerufenen „Marshallplan“.

Einer der Gründe hierfür waren sicher auch die Erfahrungen, die man aus den Lehren bei Beendigung des Ersten Weltkrieges gezogen hatte, als Deutschland durch die in den Versailler Verträgen festgelegten Reparationszahlungen in eine dauerhafte

Agonie gestürzt wurde, die in der Folge sogar mitverantwortlich war für den Aufstieg von Adolf Hitler.

In der sowjetischen Besatzungszone allerding verliefen die ersten Jahre nach Kriegsende völlig konträr. Durch gewaltige Zwangsdemontagen der Industriebetriebe und einer Auferlegung gewaltiger Reparationszahlungen durch die Sowjetunion wurde ein erfolgreicher, wirtschaftlicher Neubeginn in Ostdeutschland schon im Keim erstickt.

Diese unterschiedlichen Ausgangspositionen führten dazu, dass sich im westlichen Teil Deutschlands schon bald beachtliche Erfolge im Wirtschaftsbereich einstellten. In der DDR dagegen, wo die Sowjets ein Wirtschaftssystem der sozialistischen Planwirtschaft installiert hatten, was zu einer klassenlosen Gesellschaft führen sollte, wurde durch diese Zielsetzung jede Privatinitiative gelähmt.

Auch was die Schaffung einer „klassenlosen Gesellschaft“ in der DDR angeht war dies eine, nur auf dem Papier existierende Theorie.

In der Praxis nämlich hatte die in den Staatsorganen und in den Parteien angesiedelte „Nomenklatura“ beachtliche Privilegien, da sie in den Devisenläden, zu denen der „Normalbürger“ natürlich keinen Zugang hatte, fast alle westlichen Luxusgüter wie Whisky, Zigaretten, optische Geräte und Kosmetika einkaufen konnte.

Der DDR-Normalbürger durfte dagegen nur darauf hoffen, von seinen in Westdeutschland lebenden Verwanden gelegentlich wieder einmal ein „Schokoladepäckchen“ geschickt zu bekommen.

Diese unterschiedliche wirtschaftliche Entwicklung brachte den Westdeutschen schon wenige Jahre nach Kriegsende das sogenannte „Wirtschaftswunder".

Dieser rasante Aufstieg war insbesondere auch durch die von dem Wirtschaftswissenschaftler Ludwig Erhard (1897 - 1977) und späterem Wirtschaftsminister im Kabinett Adenauer durchgeführte Währungsreform möglich, deren Kern die soziale Marktwirtschaft war, ein gelungener Mittelweg zwischen einer Planwirtschaft und Marktwirtschaft.

Produktion - Konsum - Export waren die drei Komponenten der Marktwirtschaft, die zu den erwähnten Erfolgen führten.

Die in der DDR vorgegebenen Richtlinien, die Privateigentum verboten und nach denen die Ackerflächen im Besitz des Staates waren, lähmte dort die wirtschaftliche Entwicklung so sehr, dass die politischen Spannungen in den Jahren 1948 - 1949 zur Blockade Berlins durch die Sowjetunion führte.

Auch nach Beendigung der friedlichen Blockade Berlins im Jahr 1949 setzten sich die wirtschaftlichen Probleme in der DDR fort, was teilweise zu ernsthaften Versorgungsengpässen führte.

In der Folge flohen immer mehr DDR-Bürger nach Westdeutschland.

Um diese Entwicklung zu stoppen und um ein Ausbluten des Landes zu verhindern, reagierte die DDR-Führung im Jahr 1961 mit dem Bau der Mauer. Propagandawirksam verkauft wurde dies in der DDR, um das Land angeblich vor einer geplanten Invasion aus dem Westen zu schützen. In den Folgejahren wurden die wirtschaftlichen Unterschiede nicht nur zwischen der BRD und der DDR, sondern auch zwischen den westlichen, kapitalistisch ausgerichteten Ländern und dem kommunistischen Block immer größer und mündeten im Zeitraum März 1990 –

Dezember 1991 schließlich in den Zerfall der Sowjetunion. 21 Staaten, die bis dahin dem Sowjetischen Block angehörten, erklärten daraufhin ihre Loslösung von Russland und ihre Unabhängigkeit.

Ein weiteres Ereignis mit großen politischen Folgen war dann der Fall der Mauer am 9.11.1989 und die Wiedervereinigung der beiden deutschen Staaten am 3.10.1990.

Kurz danach kam es dann in der DDR zu der wirtschaftlichen Neuausrichtung in Richtung Kapitalismus, wobei auch heute noch viele der Meinung sind, dass der schnelle Anschluss des sozialistischen Systems der DDR an das kapitalistische System Westdeutschlands zu schnell erfolgte und dadurch auch Fehler gemacht wurden, vor allem durch das Überstülpen der Treuhand über die DDR-Betriebe.

Nachfolgend will ich nun versuchen, durch zwei Personen, Reinhold Würth als lupenreinen Kapitalisten, und Fidel Castro als personifizierten Kommunisten, ihre Zugehörigkeit zur jeweiligen Gruppe aufzuzeigen.

Reinhold Würth wurde 1935 in Öhringen geboren. 1949 trat er als Lehrling, als zweiter Mitarbeiter in die Firma seines Vaters, einer 1945 gegründeten Schraubengroßhandlung, ein. Als sein Vater starb, war er gerade 19 Jahre alt und übernahm dann im Alter von 21 Jahren die Geschäftsleitung. Durch den Aufbau eines deutschlandweiten Vertreternetzes erzielte er schon bald darauf erste Erfolge und konnte im Jahr 1962 seine erste Auslandstochter in den Niederlanden gründen. Die folgenden Jahre und Jahrzehnte waren geprägt durch ein rasantes Wachstums des Unternehmens, die Übernahme vieler Firmen und eine weltweite Expansion.

Im Jahr 2013 verfügte Würth schon über 400 Gesellschaften die in 8o Ländern ansässig sind und steigerte den Umsatz bis ins

Jahr 2019 auf € 14.5 Milliarden, der von weltweit tätigen, 78.000 Mitarbeitern erzielt wurde. Die Unternehmen der Würth Gruppe sind bekannt durch ihre großzügigen Sozialleistungen, wie Urlaubsgeld, Weihnachtsgeld bis zu 30 Tagen Jahresurlaub, vermögenswirksame Leistungen, einer Direktversicherung zur Altersvorsorge und großzügigen Geschenken bei Firmenjubiläen.

Neben seinen Erfolgen im Bereich der Wirtschaft hat sich R. Würth auch einen Namen gemacht als einer der weltweit größten Kunstmäzene. Schon in jungen Jahren hatte er angefangen, Kunstwerke zu sammeln und besitzt heute mit über 17.000 Gemälden, Zeichnungen und Skulpturen eine der größten Kunstsammlungen der Welt. Um seiner Kunst einen Präsentationrahmen zu geben, baute Würth 13 Museen in Europa, deren Zugang für die Besucher meist kostenlos ist.

Heute liegt das geschätzte Vermögen von Reinhold Würth bei US $ 14 Milliarden.

Ist also ein Mensch wie Reinhold Würth, der in 70 Berufsjahren, ohne jede Hilfe eine weltweit agierende Unternehmensgruppe mit € 14 Milliarden Umsatz aufgebaut hat und über 78.000 Mitarbeitern Brot und Arbeit gibt, ein „schlechter Kapitalist"?

Auch wenn man nicht ignoriert, dass er im Jahr 2008 wegen Steuerhinterziehung angeklagt und auch verurteilt wurde, ist Würth einer der Kapitalisten, dem die Gesellschaft für sein Lebenswerk dankbar sein muss.

Eine vergleichbare Lebensleistung wäre in einem sozialistisch geprägten Land nicht denkbar.

Der „Kapitalist" Würth, der sein Unternehmen als Einzelperson zur heutigen Größe aufgebaut hat, ist aber auch in Deutschland, einer der führenden Wirtschaftsnationen weltweit, ein absoluter

Einzelfall. Der Fairness halber sollte an dieser Stelle auch noch auf eine Tatsache hingewiesen werden, die bei der Beurteilung des Themas „Kapitalisten“ oft übersehen wird.

Es handelt sich dabei um die Wirtschaftsgrößen, die ganz oben auf der Erfolgsleiter standen, die als „Kapitalisten“ gefeiert und beneidet wurden, die aber dann abstürzten bis zum völligen Verlust ihrer Unternehmen.

Nur einige Wenige will ich hier aufführen.

Der Autobauer Borgward, der Werftbesitzer Schlieker, der Radioproduzent Max Grundig, der Computerhersteller Nixdorf oder die Versandhändler Gustav Schickedanz und Josef Neckermann.

Die meisten anderen Millionäre und Milliardäre, von denen wir hier sprechen, und die noch auf der Liste der „Kapitalisten“ stehen, sind Erben oder angestellte Spitzenmanager wie Dieter Schwarz, Oetker, Karl Albrecht, S. Klatten, Otto, Kühne und noch viele andere. Auch sie zählen zu den „Kapitalisten“, denen es gut geht, die es geschafft haben.

Diese profitieren dann aber auch von einer sehr guten Bezahlung, einer der Punkte, der in der Diskussion über den Kapitalismus immer wieder in der Kritik steht.

Sicher auch zu Recht, wenn z. B. der VW-Vorstandsvorsitzende Winterkorn im Jahr 2011 ein Gehalt von € 17.5 Millionen bezog, also ungefähr das 350-fache eines Facharbeiterlohns.

Laut einer Studie von Eurosurvey Paris liegt das Durchschnittseinkommen der Vorstandsvorsitzenden deutscher Firmen bei € 3,9 Millionen und das der Vorstände bei € 1,7 Millionen. Als Verteidigung und Rechtfertigung für diese hohen

Gehälter wird angeführt, dass vergleichbare Positionen in USA und anderen Ländern noch wesentlich höher entlohnt werden.

Auch wird, darauf verwiesen, dass die Durchschnittsverweildauer eines Vorstandsvorsitzenden in den Unternehmen heute bei nur noch 6 Jahren liegt.

Hier ist jedoch anzufügen, dass sie beim Abschied von diesen Positionen dann meist Millionenbeträge als Abfindung erhalten.

Lassen sie mich nun versuchen in der Person von Fidel Castro das Bild eines „guten Kommunisten“ zu skizzieren.

Fidel Castro (1926 - 2016) wurde als uneheliches Kind eines reichen Plantagenbesitzers und einer mittellosen Köchin, die in dessen Haushalt beschäftigt war, geboren. Er verlebte eine sorglose Kindheit und Jugend, anschließend studierte und promovierte er in Jura. Seine ersten Berufserfahrungen sammelte er als selbstständiger Jurist in Havanna. Schon früh aber wurde ihm der Beruf des Juristen zu langweilig und er begann sich politisch zu engagieren. Dies ging so weit, dass er im Jahr 1947 aktiv daran beteiligt war, bei dem Versuch, den damaligen Diktator General Trujillo Molina, Präsident der Dominikanischen Republik, zu stürzen. Dieser Versuch misslang jedoch. 1953 schließlich war Fidel Castro maßgeblich an einem ersten Umsturzversuch in Kuba beteiligt. Dieser Versuch scheiterte ebenfalls, Fidel Castro wurde verhaftet und zu 15 Jahren Gefängnis verurteilt, allerdings schon zwei Jahre später begnadigt. Aber schon kurz nach seiner Freilassung begab sich Fidel Castro mit einer Handvoll von Getreuen für ein Jahr ins mexikanische Exil. Von dort kehrte er 1956 nach Kuba zurück.

Im selben Jahr begann er, meist von Kubas Gebirgen ausgehend, wo sie schwer auffindbar waren, einen zweijährigen Guerillakrieg, der 1958 schließlich zum Sturz des verhassten Diktators Fulgenico Batista führte. Nach der siegreichen

Revolution errichtete Fidel Castro ein totalitäres Regime in Kuba. In der Folge wurden tausende Kubaner gefangengenommen und meist ohne faire Prozesse verurteilt zu langen Haftstrafen. Auch zahlreiche Todesurteile wurden verhängt und vollzogen. Castro führte aber auch ein kostenloses schulisches Bildungs- und medizinisches Grundversorgungssystem ein, von dem Kuba noch heute profitiert und das es Kuba erlaubt, tausende Lehrer und Ärzte zu „exportieren".

Die verstaatlichte Wirtschaft in Kuba verfiel in der Folge immer mehr und Kuba wurde finanziell total abhängig von der UdSSR.

Auch die persönlichen Freiheiten der Kubaner wurden drastisch eingeschränkt, und wer nach staatlicher Meinung nicht ins System passte, wie z. B. Homosexuelle, HIV-Kranke und Religionsanhänger, wurde in Lagern interniert. Der zwischen den USA und der UdSSR schwelende Kalte Krieg strebte inzwischen seinem Höhepunkt entgegen. Die Sowjets nutzten die totale Abhängigkeit Kubas aus, indem sie von Fidel Castro eine Zusage erzwangen, die es ihnen erlauben würde, in Kuba, also direkt vor Amerikas Haustür, atomwaffenbestückte Raketen, die jede größere Stadt in Amerika erreichen könnten, zu installieren. Im letzten Moment konnten amerikanische Luftaufklärungsflugzeuge die bereits fertig installierten Raketenbasen entdecken.

In der Folge kam es zur Seeblockade und nur durch die einsichtigen Verhandlungen zwischen dem amerikanischen Präsidenten und Nikita Chrustschow konnte eine kriegerische Auseinandersetzung verhindert werden, die wahrscheinlich mit dem Einsatz von Atomwaffen geendet hätte.

Fidel Castro hatte in der Zeit der größten Spannung intensiv versucht, Chrustschow zum Erstschlag zu bewegen. Fidel Castro hätte es in Kauf genommen, dass die Welt in eine

Katastrophe gestürzt wäre mit Folgen, die Hiroshima und Nagasaki noch weit übertroffen hätten.

Durch den Versuch politischer Einflussnahme auf die UdSSR hat Castro auch die Niederschlagung des Prager Frühlings mit unterstützt, genauso wie er versuchte Gorbatschows Entspannungsschritte, die Perestroika und Glasnost, zu verhindern.

Fidel Castro hat mit seiner Revolution versucht, Kuba aus dem seiner Meinung nach schlechten Einfluss der USA zu befreien. Dass ihm das nicht gelungen ist, konnte ich anlässlich eines Tourismusaufenthaltes mit eigenen Augen sehen.

Blutjunge Kubanerinnen boten sich für ein paar US-Dollars zur Prostitution an, sogar ein vom System sicher indoktrinierter Fremdenführer erzählte uns, dass ein Bauer, der auf seinem Hof ohne offizielle Erlaubnis eines seiner Schweine schlachtet, zu einer langen Gefängnisstrafe verurteilt wird und, während der Besichtigung der staatlichen Zigarrenfabrik, wurden uns von Mitarbeitern, auf dem Fabrikgelände unterschlagene Zigarren angeboten.

Soldaten standen am Abend, nachdem sie ihren Dienst in der Kaserne abgeleistet hatten, als Anhalter am Straßenrad und warteten darauf, dass sie auf einem überladenen Lastwagen als Anhalter mitgenommen wurden.

Auch dass es Fidel Castro persönlich mit dem „sozialistischen Lebensstil“ nicht so ganz eng sah und sogar über eine Luxusyacht verfügte, passt nicht so ganz ins Bild vom „guten Kommunisten“.

Auch Fidel Castro muss gegen Ende seines Lebens am Erfolg seiner Revolution gezweifelt haben, denn zu einem

amerikanischen Journalisten sagte er „dass das Kubanische Modell ja nicht mal mehr in Kuba funktioniert“.

11) Ich bitte darum, die Grenzen des Wachstums zu ignorieren

„Gott hat den Menschen erschaffen, weil er vom Affen enttäuscht war. Danach hat er auf weitere Experimente verzichtet." - Mark Twain

Offensichtlich hat Gott diesen Verzicht nicht konsequent durchgehalten, sondern er hat noch eine ganze Menge menschlicher Exemplare geschaffen, z. B. eine Reihe von Wirtschaftstheoretikern wie: Adam Smith, John Stuart Mill, Robert Malthus, Karl Marx, Friedrich Engels, Schumpeter, Michel Friedman und viele mehr.

Und vielleicht wäre Gott auch mit der Leistung dieser Experten höchst unzufrieden gewesen, denn sie alle haben jeweils Theorien zur Wirtschaftsentwicklung publiziert, deren Aussagen oft widersprüchlicher nicht hätten sein können.

An dieser Stelle komme ich auf ein Buch zu sprechen, das vor knapp 50 Jahren veröffentlicht wurde und das damals einen apokalyptischen Ausblick auf die kommenden Jahrzehnte wagte. Dazu erwähnt werden muss, dass die in dem Buch aufgezeigten Vorhersagen auf ein weltweites Echo stießen und als Wegweiser zur Rettung der zukünftigen Entwicklung der Welt hochgejubelt wurden.

Wie wir heute, 50 Jahre später, sehen, haben sich die in dem Werk „Die Grenzen des Wachstums" von Dennis L. und Donella Meadows vorhergesagten Prognosen glücklicherweise in fast allen Punkten als falsch erwiesen.

Ca. 100 „kluge Köpfe" aus den Bereichen Wirtschaft, Politik, Wissenschaft aus mehr als 50 Ländern haben in dem im Jahr

1968 gegründeten *Club of Rome* versucht in die Zukunft zu schauen.

Die nachfolgend aufgeführten Schwerpunktthemen standen damals im Fokus ihrer Zukunftsprophezeiungen:

- Bevölkerungswachstum;
- Unterernährung;
- Industrialisierung;
- Verbrauch von Rohstoffen;
- Produktion von Nahrungsmitteln.

Auf die einzelnen Themen will ich nun eingehen.

a) Bevölkerungswachstum

Das Bevölkerungswachstum hat sich seit den 70-iger Jahren von damals 3,7 Milliarden Menschen und einer damaligen jährlichen Wachstumsrate von 2 % auf heute 7,72 Milliarden Menschen ausgeweitet, wobei jedoch die jährliche Wachstumsrate auf 0,9 % sank.

Zum Zeitpunkt der Veröffentlichung des Berichts des *Club of Rome* wuchs die Weltbevölkerung um 76,0 Millionen Menschen pro Jahr, heute wächst die Weltbevölkerung um nur noch 73,3 Millionen pro Jahr.

Bei einem durchschnittlichen, täglichen Wachstum der Weltbevölkerung von 200.000 Menschen ist es also unsere vordringliche Aufgabe, alle legalen Mittel einzusetzen, damit diese Entwicklung, die sich hauptsächlich in Afrika und in den asiatischen Ländern darstellt, gestoppt werden kann.

Was der Bericht des Club of Rome nicht berücksichtigt hatte, ist, dass, was die Beeinflussung des Bevölkerungswachstums angeht, durchaus erfolgversprechende Wege bestehen, um dieses zu beschränken.

Ein Beispiel wo dieses Bestreben erfolgreich umgesetzt werden konnte, ist China.

Bis in die frühen 50-iger Jahre wünschte sich die Staatsführung ein möglichst rasches Wachstum der Bevölkerung, was dazu führte, dass die durchschnittliche Zahl bei 4,5 Kindern pro Familie lag.

Ab den 50-iger Jahren erkannte die Staatsführung in China unter ihrem damaligen Führer Mao Zedong jedoch die gesellschaftlichen Probleme, die ein derartiger

Geburtenüberschuss längerfristig mit sich bringen würde und leitete eine radikale Kehrtwende in der Bevölkerungspolitik ein.

Von diesem Zeitpunkt an wurde die Ein-Kind-Politik als erstrebenswertes Ziel propagiert.

Einige Jahrzehnte später stellte sich aber abermals heraus, dass dieses rigide Ziel der Familienplanung erneut nicht vorhersehbare Probleme mit sich brachte, weshalb ab 2016 die bis heute gültige Zwei-Kind-Politik den Familien als erstrebenswertes Ziel empfohlen wurde.

Damit dies auch in Zukunft weiter funktioniert „belohnt“ China die jungen Familien, die diese Vorgabe einhalten, durch zahlreiche Prämien und Vergünstigungen.

In den 60-iger Jahren zählte China bei einem jährlichen Bevölkerungswachstum von 2,5 % 682 Millionen Einwohner, 2015 bei einem jährlichen Bevölkerungswachstum von nur noch 0,5 % 1,4 Milliarden Einwohner.

Auch an den Zahlen der Geburten pro Frau, die in China von 3.5 im Jahr 1950 auf 1,5 im Jahr 2019 sank, kann man den Erfolg einer geplanten Bevölkerungspolitik erkennen.

In Afrika, wo die Bevölkerungsexplosion bis heute unvermindert andauert, liegt die Geburtenrate, nach wie vor, bei 4,7 Geburten pro Frau.

b) Unterernährung

Im Bericht aus dem Jahr 1968 *„Die Grenzen des Wachstums“* wird die Gefahr einer drohenden, weltweiten Unterernährung vorhergesagt.

Auch diese Prophezeiung stellt sich heute als falsch heraus.

Die gesamte Weltnahrungsmittelproduktion würde heute bereits ausreichen, um 12 Milliarden Menschen zu ernähren.

Tatsache ist aber auch, dass heute immer noch 800 Millionen Menschen Hunger leiden.

Die Gründe hierfür sind, dass die ungleiche Verteilung der Nahrungsmittel an Gründen liegt die „hausgemacht“ und längerfristig positiv beeinflussbar sind, teilweise aber ihre Ursachen auch in nur schwer zu beherrschenden Ursachen „höherer Gewalt“ haben.

Die „hausgemachten“ Ursachen bestehen z. B. darin, dass bis heute in vielen Regionen und Ländern, in denen auch heute noch Hungersnöte herrschen, sinnlose Kriege geführt werden.

Durch „höhere Gewalt“ ausgelöste Hungerkatastrophen werden durch immer häufiger auftretende Überschwemmungen, Missernten und Dürreperioden, vor allem in den afrikanischen Ländern, beobachtet, – verursacht, sicher auch verstärkt, durch den weltweit zu beobachtenden Klimawandel.

Es müssen aber auch von den „höher entwickelten“ Ländern weitere, sogar noch vielfach gesteigerte Anstrengungen unternommen werden, vor allem um die Ernteerträge in diesen noch „Entwicklungsländern“ zu steigern.

Dass dies möglich ist, zeigt eine langfristige Beobachtung der Entwicklung der Ernteerträge, z. B. in Deutschland, sicher nicht ganz übertragbar auf andere Länder, aber doch beeindruckend, welches Steigerungspotential möglich ist, wenn alle heute schon vorhandenen Ressourcen konsequent angewandt werden.

Noch im 19. Jahrhundert ernährte ein Bauer in Deutschland vier Menschen, Mitte des 20. Jahrhundert zehn Menschen und heute 129 Menschen.

Auch am Ernteertrag pro Hektar kann man diese massiven Unterschiede zwischen den höher entwickelten Ländern und einem Entwicklungsland sogar noch deutlicher erkennen, denn, auf einem Hektar Ackerland produziert ein deutscher Bauer 45 Tonnen Kartoffeln, ein Bauer in einem Entwicklungsland dagegen nur 15 Tonnen.

Die gleichen „Ungleichheitsergebnisse" treffen auch zu, was die Produktion von Mais und Weizen angeht.

Eine weitere Zahl verdeutlicht, dass eine weltweite Unterernährung nicht zu befürchten ist, denn heute schon stehen pro Person und pro Tag ein Kilogramm Getreide zur Verfügung.

Auch was die Reduzierung des Welthungers angeht, konnten im Zeitraum von 1990-2015 deutliche Fortschritte erzielt werden, denn bis zu diesem Zeitpunkt konnte die Zahl der Hungernden schon um 216 Millionen Menschen reduziert werden – allerdings ist diese Zahl seit 2016 wieder angestiegen.

Die prognostizierte Unterernährung ist bisher nicht eingetreten und auch nicht zu befürchten. Im Gegenteil. Der FAO-Generaldirektor Jose Graziano da Silva sagt: „Wir können mit Hunger und Armut bis 2030 Schluss machen".

c) Rohstoffverbrauch

Auch mit ihrer Prophezeiung, was die Rohstoffversorgung angeht, lagen die Autoren des Werkes *„Die Grenzen des Wachstums“* ziemlich daneben.

Die Ankündigung, dass die Rohölvorräte in absehbarer Zeit erschöpft sein würden, trafen nicht zu, im Gegenteil, die Rohölvorräte stiegen von 135,7 Milliarden Tonnen im Jahr 1990 auf 244,1 Milliarden Tonnen im Jahr 2018 sogar merklich an.

Vielleicht hätten sich die Vorhersagen des Club of Rome was die immer dramatisch werdende Erdölverknappung angeht, sogar bestätigt, hätten nicht überwiegend politische Ereignisse verdeutlicht, wie gefährlich die Abhängigkeit vom Öl als hauptsächlichen Energielieferanten ist.

Das erste Ereignis, das diese Gefahr offenbarte, wurde während der „ersten Ölkrise“ im Jahr 1973 sichtbar, als in Folge des Ölembargos der Preis pro Barrel Öl von US $ 3,00 auf US $ 5,00 also um 70 % explodierte, um dann in der Folge des Jom-Kippur-Krieges sogar auf US $ 12,00 anzusteigen.

Bereits wenige Jahre später im Jahr 1979 erlebte die Welt einen weiteren Ölpreisschock, als während des Ersten Golfkrieges zwischen dem Iran und Irak und im Zuge der islamischen Revolution in Persien der Preis pro Barrel Öl auf US $ 38,00 kletterte.

Sicher haben diese Ereignisse auch mit dazu beigetragen, dass auch die Idee der Erdölgewinnung durch *Fracking* wieder neues Interesse fand, nachdem es seit den ersten, erfolgreichen Versuchsreihen im Jahr 1947 in einen Dornröschenschlaf gefallen war.

Amerika investierte in den Folgejahren riesige Geldmengen in die Entwicklung dieser Fördertechnik und wurde dadurch mit gegenwärtig 7,8 Millionen Barrel pro Tag zum größten Erdöl-/Erdgasproduzenten der Welt.

Was die Club of Rome-Autoren zum damaligen Zeitpunkt auch nicht vorhersehen konnten, waren viele andere Ereignisse im Bereich der begrenzten Rohstoffverfügbarkeit.

Die Ölkrise der 70-iger Jahre schärfte besonders auch das Umweltbewusstsein und so wurde z. B. im Jahr 1991 durch das Stromeinspeisungsgesetz und im Jahr 2000 durch Erlass des Erneuerbare–Energien–Gesetzes mit dem 100.000-Dächer-Programm die Förderung der Solar-Energie in Deutschland dramatisch vergrößert.

Seit im Jahr 1990 das Erneuerbare- Energien-Gesetz in Deutschland die Energieversorger und Energiebetreiber dazu verpflichtete, durch Windkraft erzeugte Energie auch abzunehmen, wurde das Deutsche Modell sogar weltweit von vielen Ländern kopiert.

Der vom Club of Rome vorhergesagte Energieengpass wird also nicht eintreten, denn die Internationale–Energie–Agentur sagt sogar vorher, dass bis 2050 bereits 17 % des weltweiten Energiebedarfs aus erneuerbaren Energien gewonnen werden wird.

In Deutschland wurde im Jahr 2020 erstmals in einem Monat der gesamte Energiebedarf zu 50 % aus erneuerbaren Energien gedeckt und das, obwohl Deutschland ja schon seit 2011 den Atomausstieg beschlossen und auch umgesetzt hat.

Da aber andererseits die Atomkraft als billiger Energieproduzent nach wie vor in vielen Ländern massiv eingesetzt wird, im Jahr 2020 sind allein über 100 neue Atomkraftwerke geplant oder schon fertiggestellt, davon 43 in China, 24 in Russland und 14 in Indien, wird auch dies dazu beitragen, dass die Energieversorgung langfristig gesichert ist.

Noch gar nicht berücksichtigt sind bei dieser Betrachtung die Energieeinsparungen, die erzielt werden durch die Herstellung energiesparender Elektrogeräte und durch den gerade in Umstellung befindlichen Prozess des Ersatzes benzinbetriebener Fahrzeuge durch Elektroautos.

Auch die im Moment in der Herstellung noch zu teure Wasserstoffenergieerzeugung wird in den kommenden Jahrzehnten noch eine ganz wichtige Rolle in der Energieproduktion einnehmen, vielleicht sogar die durch die Umstellung auf Elektroenergie zu erzielenden Einsparungen übertreffen.

d) Reduzierung der Industrialisierung

Milton Friedman, Alfred–Nobel–Gedächtnispreisträger von 1976 und einer der bekanntesten Wirtschaftswissenschaftler und Vertreter des Monetarismus, erklärte einmal am Beispiel von Kartoffeln wie einfach Marktwirtschaft funktioniert.

Friedman sagte: „Gibt es viel Kartoffeln, sinkt der Preis, gibt es wenig Kartoffeln steigt er".

Einfach und logisch und gut zu verstehen.

Hätte man aber den Empfehlungen des Club of Rome Folge geleistet und das Wachstum der Industrienationen gedrosselt, dann hätte sich daraus folgende Logik ergeben: Auf Grund der höheren Preise wäre weniger Ware verkauft und folglich auch weniger Ware produziert worden. Weniger produzierte Waren hätten zu sinkenden Gewinnen geführt, die Unternehmen hätten weniger Kapital für Investitionen zur Verfügung gehabt die dann wegen sinkender Aufträge auch nicht mehr notwendig gewesen wären. In der Folge wäre der Bedarf an Arbeitskräften gesunken, die Arbeitslosigkeit gestiegen, was wiederum zu sinkenden Umsätzen geführt und in der Folge weniger Steuereinnahmen des Staates als Konsequenz gehabt hätte.

Ein ganz typisches Beispiel für ein derartiges Szenario konnten wir am Beispiel Griechenlands in den Jahren 2008 - 2013 beobachten.

Einer der wohl bekanntesten Ökonomen John Maynard Keynes hat, wie das Beispiel Griechenland zeigt, mit seiner Theorie, dass der Staat eingreifen muss, wenn der Markt ins Ungleichgewicht fällt, absolut Recht behalten, indem in einer beispiellosen Bewährungsprobe der gesamten Europäischen Staatengemeinschaft nur durch eine massive, monetäre

Unterstützung das Land vor dem totalen Kollaps bewahrt werden konnte.

Und auch die, durch die Ölschocks verursachten Wirtschaftskrisen der Jahre 1973 und 1979 und die weltweiten Erschütterungen nach der Lehmann-Bankenpleite im Jahr 2008 wären ohne dem antizyklischen Eingreifen der Staaten nicht zu bewältigen gewesen.

Ein weiteres Beispiel, dass die Umsetzung der im *Keynesianismus* dargestellten Theorien vor einer erneuten Bewährungsprobe stehen, ist im Jahr 2020 zu beobachten, als in Folge der Corona-Epidemie die Staatengemeinschaft erneut nur durch vom Staat zur *Verfügung* gestellte, milliardenschwere Unterstützung vor einem Absturz ins Chaos gerettet werden konnte.

Leider aber hat die, seit der Publizierung des Berichts „*Die Grenzen des Wachstums*" nahezu ununterbrochene wirtschaftliche Prosperität doch auch zu den vom Club of Rome vorhergesagten ökologischen Problemen geführt.

Noch nie zuvor in der Geschichte befand sich die Welt in einem derart schlechten Zustand wie heute.

Die Luft ist verpestet mit CO2, die Erderwärmung steuert auf Rekordmarken von deutlich über 2 % zu, die Meere sind verschmutzt durch Abwässer und verunreinigt durch Plastikmüll und die Rodung der Tropenwälder schreitet ungebrochen voran.

Zwar haben viele Länder aus den hoch entwickelten Ländern, aber auch Länder, die sich noch auf dem Weg nach oben befinden, die Probleme erkannt und diese auf die Agenda der Weltklimakonferenzen gesetzt, damit in den kommenden Jahrzehnten zumindest ein Stopp der gegenwärtig negativen Entwicklung, vielleicht sogar eine Umkehr erreicht werden kann.

Ein gutes Beispiel hierfür ist der „green deal", den sich Europa zum Ziel gesetzt hat.

Solange aber die Energiegewinnung in der Welt auf der Basis fossiler Stoffe in großem Umfang weitergeht - gegenwärtig sind über 2.400 neue Kohlekraftwerke, davon allein mehr als 1.000 in China in Betrieb oder in der Planung, solange sich Amerika nicht zur Einhaltung der Ziele zur Umweltschutzverbesserung einsetzt und solange, wie z. B. in Brasilien, Tropenwälder weiter rücksichtlos gerodet werden, solange wird das Erreichen der dringend notwendigen Reduzierung der globalen Umweltzerstörung nur eine Fiktion bleiben.

Wie wir gesehen haben, haben sich viele der im Bericht „Die Grenzen des Wachstums" vorhergesagten Entwicklungen nicht bewahrheitet.

Das alles nützt aber nichts, wenn wir die dringendsten Aufgaben die wir umzusetzen haben nicht endlich energisch angehen und realisieren.

12) Ist die Globalisierung gut oder schlecht?

Im Wort „Globalisierung“ steckt das Wort Erdglobus, Erdkugel, Weltkugel und laut Duden im Begriff „globalisieren“ auf die ganze Erde ausdehnen und internationalisieren.

Meine im Jahr 2009 verstorbene Frau Liliane war Französin und wie alle Franzosen war auch sie stolz auf ihre „Grande Nation“.

Oft, wenn ich in einem Supermarkt vor dem Weinregal stehe, erinnere ich mich dann an ihre Frage, wenn sie wieder einmal Wein aus Kalifornien, Chile oder aus einem anderen außereuropäischen Land sah: „Findest du es richtig, dass wir Weine vom anderen Teil der Erde hier in Deutschland im Supermarkt anbieten, wo wir doch in Europa in Frankreich, in Deutschland, in Spanien, Österreich, der Schweiz und Portugal so viele und vor allem so gute Weine anbauen?“.

Ich antwortete ihr darauf, „dass doch auch in Amerika, Frankreich und Italien gute Autos gebaut werden, unsere starke Autoindustrie aber hauptsächlich von den Exporten lebt, die wir in diese Länder ausführen“.

Schon in diesem kleinen Disput zwischen mir und meiner Frau steckt bereits die ganze Schwierigkeit eine richtige Antwort zu finden auf die Frage: „ob die Globalisierung gut oder schlecht für uns ist“.

Unsere heutige Gesellschaft ist, dank der modernen Kommunikationsmittel, in Sekundenbruchteilen vernetzt mit dem gesamten Erdball und kann somit, über alle Grenzen hinweg, kommunizieren und Handel betreiben.

Bleiben wir beim „Handel betreiben“.

Schon im Mittelalter wurde Handel betrieben mit europäischen aber auch mit Ländern in Übersee.

Dieser Handel hing aber von den Windverhältnissen ab und davon wiederum, ob ein Schiff Wochen, Monate oder noch länger mit seiner Fracht unterwegs war.

Seit dieser Zeit verzeichnete der Welthandel ein ständiges, rasantes Wachstum, bekam seinen letzten, großen Impuls jedoch erst mit dem Zusammenbruch des kommunistischen Systems als plötzlich Russland und die, bis dahin im kommunistischen Block zusammengefassten Länder, Zugang zu den Weltmärkten suchten und fanden.

Ein Beispiel für den Vorteil des offenen Welthandels kann man z. B.am Beispiel der damaligen DDR sehen, in der über viele Jahre hinweg die Banane eine Mangelware war, nach dem Mauerfall aber schon wenige Tage später in unbeschränkten Mengen gekauft werden konnte.

Natürlich bringen die nach allen Seiten offenen Märkte nicht nur Vorteile mit sich.

Eine der negativen Entwicklungen der letzten Jahre war z. B. die Situation, dass große, internationale Konzerne und Einkaufsorganisationen ihre Marktmacht oft schamlos ausnutzten und zu Billigpreisen Waren aus den sogenannten „Entwicklungsländern“ oder auch genannt „Ländern der Dritten Welt“ bezogen, die dort nur durch die Bezahlung von „Hungerlöhnen“ produziert werden konnten.

Was diese Entwicklung angeht, ist es aber notwendig, einige Jahrzehnte zurück in die Vergangenheit zu blicken.

Einer meiner engsten Freunde war, bis zu seinem Tod, der Außenhandelsdirektor des inzwischen in Konkurs gegangenen Versandhauses Quelle.

Bei einem Glas Rotwein lauschte ich oft gespannt seinen Erzählungen wie er, in den fünfziger Jahren, also noch in der Zeit, in der jeder Deutsche belastet war durch die Mitschuld, die er sich während der Nazi-Herrschaft aufgeladen hatte, wie mein Freund Franz davon erzählte, wie er, bei seinen ersten Auslandsreisen, seine Fühler ausstreckte in Teile der Welt, wo preisgünstiger Warenbezug möglich erschien.

Oft mussten potentielle Fabriken, die zu dieser Zeit meist in Asien ansässig waren, geschult werden, wie sie z. B. Textilien in größeren Stückzahlen produzieren könnten, denn bis zu diesem Zeitpunkt hatten sie ja nur ihre kleinen, lokalen Märkte bedient.

In solchen Fällen erhielt dann ein solcher potentielle Fabrikant oft von Quelle sogar einen Kredit zur Anschaffung der Maschinen und er wurde darüber hinaus beim Kauf und bei der Installation beraten.

In wenigen Jahrzehnten entwickelten viele dieser Betriebe eine beachtliche Größenordnung, die dann die namhaftesten Markenunternehmen wie Adidas, H&M oder WalMart in Amerika und viele andere bedienen konnten.

Im Zuge dieser Entwicklung kam es allerdings auch zu Fehlentwicklungen, weil nicht darauf bestanden wurde, dass z. B. keine Kinder als Arbeitskräfte eingesetzt werden durften und wobei auch zu wenig darauf geachtet wurde, dass in Europa, den USA und anderen Ländern als selbstverständlich geltende Sicherheitsstandards auch in diesen Ländern eingehalten wurden.

Erst seit dem furchtbaren Brandunglück in Bangladesch, bei dem über 100 Menschen, meist Fabrikarbeiterinnen, sterben mussten, weil fast alle Notausgänge verbarrikadiert waren, hat bei den Großkunden ein Umdenken eingesetzt.

Heute stellen diese Unternehmen an ihre Lieferanten Sicherheitsanforderungen, die bei der Produktion eingehalten werden müssen, und diese Vorgaben werden auch von Sicherheitsinspektoren regelmäßig überprüft.

Auch die Beschäftigung von Kindern wird in diesem Zusammenhang seitdem strikt untersagt und die internationalen Kunden drängen auch darauf, dass die größeren Firmen Betriebsräte installieren, was bis zu diesem Zeitpunkt vollkommen unüblich war.

Was allerdings die Bezahlung der Arbeiter zu sogenannten „Hungerlöhnen“ angeht, ist dies etwas differenzierter zu betrachten.

Oft wird dabei der Fehler gemacht, dass z. B. Löhne, die für eine bestimmte Arbeit in Europa bezahlt werden, verglichen werden mit den Löhnen in einem solchen Entwicklungsland.

Dies ist natürlich nicht direkt vergleichbar, da auch die Lebenshaltungskosten in diesen Ländern deutlich niedriger sind.

Eine zu hohe, das landesübliche Lohnniveau übersteigende Bezahlung, könnte somit das gesamte Lohnsystem eines solchen Landes ins Ungleichgewicht stürzen.

Es müssen hierbei auch zwei weitere Kriterien berücksichtigt werden.

Einmal, dass natürlich der Bezug der Waren aus diesen „Ländern der Dritten Welt“ dort hunderttausende Arbeitsplätze schafft und erhält und dadurch eine dort sonst, nach wie vor, existierende Massenarbeitslosigkeit vermieden wird.

Zum anderen muss aber auch immer wieder darauf hingewiesen werden, dass letztendlich wir, die Verbraucher in den hoch entwickelten Ländern, über den Preis einer Ware entscheiden.

Glücklicherweise können wir meist bestimmen, ob wir für ein T-Shirt den billigsten Preis bezahlen wollen, wir bereit sind, einen etwas höheren Preis aus dem Mittelpreissegment zu zahlen, was dann dem Hersteller schon „etwas mehr Luft" geben würde, oder ob wir sogar einen Artikel aus dem Luxussortiment kaufen wollen.

Glücklicherweise wird der internationale Handel zwischen den „reichen" Ländern in Europa, in Amerika und Südostasien und den Entwicklungsländern zumindest ansatzweise beeinflusst von Organisationen wie der WTO (World Trade Organisation - Welthandelsgesellschaft) oder dem IWF, dem internationalen Währungsfond, der die Aufgabe hat, die Geldströme zwischen den Handelspartnern und den Ländern, wo die Hersteller ansässig sind, zu regulieren.

Darüber hinaus spielt auch die Weltbank eine wichtige Rolle in diesem Geschehen, denn sie vergibt Kredite an noch wenig entwickelte Länder, um diesen beim Aufbau von Produktionskapazitäten zu helfen, damit diese Länder mittelfristig zu einem steigenden Anteil am Welthandel kommen werden.

Es gibt aber darüber hinaus in vielerlei Hinsicht internationale Bestrebungen, das noch immer bestehende Ungleichgewicht zwischen den „reichen" und den „armen" Nationen anzugleichen.

Ein Beispiel ist das jährlich stattfindende Gipfeltreffen der sieben führenden Industrienationen Deutschland, Frankreich,

Großbritannien, Italien, Japan, Vereinigte Staaten von Amerika und Kanada - dieser Club sollte, meiner Meinung nach, baldmöglich um China erweitert werden, das noch immer als Entwicklungsland betrachtet wird und auch über die Wiederaufnahme Russlands müsste, über kurz oder lang, eine Entscheidung getroffen werden.

Die Bemühungen dieses G 7-Gipfelclubs haben immerhin schon dazu geführt, dass die Zahl der Hungernden in der Welt von 900 Millionen Menschen im Jahr 2000 ständig gesenkt werden konnte auf 450 Millionen Menschen im Jahr 2015. Seitdem allerding verzeichnet die Weltbevölkerung wieder eine Zunahme der Hungernden.

Diese in der Tendenz insgesamt sehr positive Entwicklung ist sicher auch dem ständig steigenden, freien über alle Grenzen hinweg florierenden Welthandel zu verdanken.

Die durch den freien Warenverkehr bedingte, stark wachsende internationale Konkurrenz bringt aber auch einen indirekten Vorteil mit sich.

Manch einer von uns wird sich noch gut an die 50-iger Jahre erinnern, als in unseren Industriebetrieben ein absolutes Fotografie-Verbot herrschte, das besonders auf die japanischen Besucherdelegationen Anwendung fand, die eifrig Informationen in Wort und Bild über unsere, damals noch weit überlegenen Produktionsmethoden sammelten.

Heute, nur einige Jahrzehnte später, hat uns Japan, was die Anwendung moderner Produktionstechniken angeht, eingeholt, oft sogar überholt.

Und wenn wir heute in Europa technische Geräte wie Fotoapparate oder Kopierer und andere Produkte preisgünstig erwerben können, dann verdanken wir dies den Produzenten in

Asien, die diese Artikel preisgünstiger als wir produzieren können.

Dies gilt in Zukunft besonders auch für die Entwicklung der künstlichen Intelligenz die, wenn sie einmal aus dem Versuchsstadium entwachsen ist, für eine grenzüberschreitende, neue technische Revolution sorgen wird.

Wie schnell das gehen kann, dass wir - in diesem Fall, ganz Europa und mit Ausnahme der Vereinigten Staaten von Amerika alle anderen Staaten - ins Hintertreffen geraten können, sieht man an der Entwicklung der Kommunikationstechnologie.

Bill Gates mit Microsoft, Steve Jobs mit Apple, Jeff Bezos mit Amazon, Larry Ellison mit Oracle oder Mark Zuckerberg mit Facebook konnten in den letzten 20 Jahren heute weltbeherrschende Unternehmen aufbauen, deren Börsenwert jeweils mit hunderten Milliarden Dollar Börsenwert alteingesessene Unternehmen wie General Motors, General Electric, Siemens oder Mercedes um ein Vielfaches übersteigt.

Nicht übersehen werden darf auch, dass diese Firmen über solch üppige Kapitalausstattungen verfügen, die es ihnen auch in Zukunft möglich machen werden, in die, enorme Kapitalinvestitionen benötigenden, neuen Zukunftstechnologien mit nahezu unbegrenzten Mitteln zu investieren und so ganz vorne mitzumischen.

Ein Wirtschaftsbereich, in dem die Globalisierung auch ihre positiven und gleichzeitig negativen Seiten zeigt ist, die Agrarwirtschaft.

Das ganze Jahr über können wir heute tropische Früchte und Gemüse kaufen, was z. B. bis in die 40-iger Jahre nicht vorstellbar war. Eine ständige Flotte von Flugzeugen und Schiffen, die rastlos zwischen den Kontinenten verkehren, macht dies möglich und sichert dadurch den Bauern in Afrika und Asien ein ständiges, gesichertes Einkommen, auf das sie verzichten müssten, wenn sie nur ihre kleinen, lokalen Märkte beliefern könnten.

Aber auch gravierende, negative Folgen bringt die Globalisierung in diesem Bereich manchmal mit sich.

Ich spreche hier von den verheerenden Folgen, die der ständig steigende Bedarf an Palmöl verursacht.

Das aus dem Fruchtfleisch der Ölpalme gewonnene Palmöl wird, weil es billig und einfach zu produzieren ist, in einem ständig steigenden Ausmaß in der Industrie als Beimischung zu Biodiesel eingesetzt. Es wird in der Chemie verarbeitet und findet sich heute sogar in vielen Fertiggerichten.

Hohe Profiterwartungen der Palmöl produzierenden Bauern in den Ländern Malaysia und Indonesien, aber auch in afrikanischen und lateinamerikanischen Ländern, führen dazu, dass immer größere Flächen tropischer Urwald gerodet werden, um neue Anbauflächen für Ölpalmen zu gewinnen.

Da diese Wälder aber oft auch die letzten Refugien sind von Menschenaffen und Tigern, riskiert dieses rücksichtlose Abholzen der Wälder den Bestand dieser bedrohten Tiere.

Ein anderes makabres Beispiel aus dem Bereich der Landwirtschaft zeigt einen ebenfalls negativen Effekt der Globalisierung mit schlimmen Auswirkungen: In den Ländern Gambia und Kenia ist, witterungsbedingt der Tomatenanbau mit die Haupt-Einnahmequelle der Kleinbauern die ihre Früchte bisher zu einem guten, existenzsichernden Betrag auf den lokalen Märkten verkaufen konnten.

Immer häufiger aber passierte es in letzter Zeit, dass diese Bauern keine Abnehmer mehr für ihre Tomaten fanden.

Was war geschehen?

Der weltgrößte Tomatenproduzent ist China.

China aber produziert so viele Tomaten, dass große Mengen davon als Konserven verarbeitet und exportiert werden müssen. Zu Preisen die so günstig sind, dass z. B. in Gambia und Kenia die Einheimischen die im Land gesäten, gezogenen und geernteten Tomaten verschmähen und lieber die billigen, Konserventomaten aus China kaufen.

Wegen der beschränkten Lagerfähigkeit der Tomaten mussten demzufolge schon mehrmals Tausende Tonnen hochwertige, frisch geerntete Tomaten vernichtet werden.

Wenden wir uns wieder der positiven Seite der Globalisierung zu.

Vor allem im medizinischen Bereich war Amerika, vor allem in den 50-iger und 60-iger Jahren das Maß aller Dinge.

Besonders betraf dies die Herzchirurgie, ein Bereich, der zu dieser Zeit in Europa noch in den Kinderschuhen steckte.

Im Jahr 1952 führte der amerikanische Chirurg John Lewis die erste Operation weltweit am offenen Herzen durch. Als ihm bald darauf seine Kollegen Michael de Bakey, später bezeichnet als Vater der Herzchirurgie, und Denton Cooley folgten, begann aus Europa und vielen anderen Ländern der Welt eine „Völkerwanderung" von Chirurgen nach Amerika die sich alle von ihren amerikanischen Kollegen in die neuen Operationsmethoden schulen ließen.

Diese schwierigen Operationen bedingten auch, dass völlig neue Katheter entwickelt werden mussten, deren Öffnungen so glatt abgerundet waren, damit bei der Blutzirkulation die Blutplättchen keinen Schaden nahmen.

Es waren also nicht nur die neuen Operationsmethoden, die durch die Globalisierung weltweit bekannt gemacht wurden, sondern gleichzeitig neue Operationswerkzeuge, die ich, als damaliger Europa-Marketingleiter des amerikanischen Konzerns Argyle, europaweit in den großen Universitätskrankenhäusern vorstellen durfte.

Als dann am 3. Dezember 1967 Christian Barnard in Südafrika zum ersten Mal ein menschliches Herz verpflanzte, löste dies ebenfalls wieder ein weltweites, grenzüberschreitendes Interesse aus, was dazu führte, dass heute, nur 50 Jahre später, lebensrettende Herztransplantationen in vielen Kliniken auf der ganzen Welt durchgeführt werden – im Jahr 2007 waren es schon 80.000.

Ich hoffe, Sie werden es mir nicht übelnehmen, wenn ich nach diesem großartigen Beispiel, was die positiven Aspekte der Globalisierung im medizinischen Bereich angeht, gleich wieder mit einem Negativbeispiel folge, was der weltoffene Verkehr auch an Schaden anrichten kann.

Ohne jegliche Vorwarnung wurde die Welt im Jahr 2020 von der Corona-Epidemie heimgesucht.

Ausgehend von Einzelfällen in China erreichte die Epidemie innerhalb weniger Wochen nahezu alle Länder der Erde und verursachte hunderttausende Todesopfer. Bis heute ist nicht bekannt, wo die Krankheit genau ihren Ursprung hatte, bis heute weiß man nicht, warum dieses Virus, das schon seit vielen Jahren bekannt ist, gerade jetzt eine solch verheerende Wirkung entwickelte.

Bekannt ist aber, dass gerade durch den weltoffenen Reiseverkehr, insbesondere in den Flugzeugen, das Virus von einem Kontinent in alle anderen übergreifen konnte.

Aber letztendlich wird die Globalisierung auch in diesem Fall ihr positives Gesicht zeigen, denn noch nie zuvor arbeiteten so viele Wissenschaftler und Labors gleichzeitig daran einen Impfstoff und ein Medikament zur Behandlung der Krankheit zu entwickeln.

Ich habe versucht Ihnen an verschiedenen Fallbeispielen zu zeigen, welche Vorteile die Globalisierung mit sich bringt, ich habe aber auch versucht Schattenseiten der Globalisierung aufzuzeigen.

Die Beantwortung meiner eingangs gestellten Frage:

„Ist die Globalisierung gut oder schlecht „möchte ich jetzt aber Ihnen überlassen.

13) Gibt es eine Kollektivschuld?

Auch heute hört man immer wieder: „Auch Hitler ist demokratisch gewählt worden". Das ist falsch. Hitler wurde im Jahr 1933 zum Reichskanzler ernannt. Richtig ist aber auch, dass Hitlers NSDAP bei der Wahl 1932 bereits 33,1 % der Stimmen erreicht und dadurch Hitlers Machtanspruch dokumentiert hatte. Diese Entwicklung führe ich hier an, da man nach dem Ende des Zweiten Weltkrieges auch oft den Begriff Kollektivschuld (der Deutschen) anwandte. Auch das ist falsch.

Die Interpretation des Begriffs *Kollektivschuld* bezieht sich immer auf die direkt zuordenbare Schuld eines einzelnen Individuums.

In Deutschland bekam der Begriff der *Kollektivschuld* eine besondere Bedeutung als die vier Siegermächte nach Ende des Zweiten Weltkrieges das sogenannte Entnazifizierungsverfahren ins Leben riefen.

Der Begriff Schuld wird übrigens im Strafrecht genau definiert z. B. wenn mehrere Personen an einer Straftat beteiligt waren, findet der Begriff *Kollektivschuld* keine Anwendung, wie man vielleicht meinen könnte, sondern es wird hier von einer *gemeinsam begangen Straftat* gesprochen.

Und dies spiegelt sich dann auch im Urteil wider, wenn der Haupttäter verurteilt werden kann wegen eines begangenen Mordes oder Totschlags, nicht an der Aktion direkt Beteiligte dann jedoch geringer bestraft werden z. B. wegen Beihilfe zum Mord.

Auch der nach dem Strafgesetzbuch normierte Begriff der *unterlassenen Hilfeleistung* könnte falsch interpretiert als *Kollektivschuld* betrachtet werden wenn z. B. bei einer

Schlägerei direkt beteiligte oder unbeteiligte Personen die Zeuge des Vorgangs wurden nicht helfend eingreifen.

Auch diese Beurteilung wäre allerdings im Fall der Bezeichnung der *Kollektivschuld* der Deutschen nicht anwendbar gewesen da dies bedeutet hätte, dass *alle Deutschen,* also ohne jede Ausnahme, hätten an den Verbrechen beteiligt gewesen sein müssen.

Nach Beendigung des Krieges erhielten insgesamt 1.4 Millionen Deutsche den sogenannten Fragebogen wo sie detailliert über ihre Aktivitäten während der Nazi-Herrschaft Auskunft geben mussten.

Das heißt, jedem dieser Betroffenen wurde insgeheim eine Mitschuld unterstellt was dann oft als *Kollektivschuld* ausgelegt worden ist.

In seiner aufsehenerregenden Rede am 27.Januar 1999 vor dem Deutschen Bundestag sprach der damalige Bundespräsident, Roman Herzog, das Thema einer möglichen *Kollektivschuld* aller Deutschen an. Roman Herzog verneinte dies. Roman Herzog prägte allerdings einen neuen Ausdruck einer möglichen *Kollektivhaftung.* Was wollte Herzog damit sagen?

Herzog wollte damit sagen, dass der einzelne Bürger zwar frei sei von einer *Kollektivschuld,* dass er aber trotzdem indirekt Schuld auf sich geladen hat weil er nichts oder zu wenig gegen das Naziregime unternommen, vielleicht sogar mit dem Regime kollaboriert hat.

Allerdings ist der Begriff einer *Kollektivhaftung* unter diesen Umständen anzuzweifeln. Warum?

Denken wir an Nord-Korea. Auch dort herrscht gegenwärtig mit Kim Yong Un ein Diktator der sein Land mit unerbittlicher Härte regiert. Wieder weiß die gesamte Bevölkerung Nordkoreas, dass tagtäglich vom Regime Verbrechen begangen werden, dass die geringste Opposition unterdrückt, verfolgt wird, dass Menschen in Arbeitslager oder Zuchthäuser gesperrt werden oder sogar, oft kleinste Vergehen mit der Todesstrafe geahndet werden.

Kann man, unter diesen Umständen da dem einzelnen Bürger vorwerfen, dass er sich durch sein nicht oppositionelles Handeln der *Kollektivschuld* schuldig macht und somit in eine *Kollektivhaftung* eintritt?

Sicher nicht.

Was Herzog allerdings sagte und damit hat er sicher Recht ist, dass das Deutsche Volk eine *Kollektivscham* fühlen und aufbringen sollte.

14) Flüchtlinge go home?

„Asyl", das Wort Asyl stammt aus dem Griechischen und bedeutet „Ort der Sicherheit".

Asyl soll folglich ein Ort der Sicherheit sein für Personen, die verfolgt werden.

Nach Verabschiedung der Genfer Konvention (GFK) im Jahr 1951 sollte die Frage der Asylgewährung nach folgenden Kriterien erfolgen.

Nach Artikel 1 A Nr. 2 GFK gelten Personen als Flüchtlinge, die sich aus der begründeten Flucht vor Verfolgung wegen ihrer Rasse, Religion, Nationalität, Zugehörigkeit zu einer bestimmten Sozialgruppe, oder wegen ihrer politischen Überzeugung auf der Flucht befinden.

Die Asylgewährung in Deutschland funktionierte auch ganz gut, so dass in den Jahren 1953 - 1968 eine Anzahl von 70.425 Personen Antrag auf Asyl stellten.

Und dieser Personenkreis setzte sich überwiegend aus politisch Verfolgten, z. B. aus dem Iran, unter der damaligen Herrschaft des Schahs, oder aus Ländern des früheren kommunistischen Ostblocks, zusammen, also aus politisch Verfolgten, für die das Asylgesetz ja auch vorgesehen war.

In den späten 1980-iger und den frühen 1990-iger Jahren erfolgte dann aber ein spürbarer Anstieg der Zuwanderung. Deshalb kam es in der Folge auch zu einer deutlichen Einschränkung des Asylrechts, was schließlich am 1. August 2015 zur Verabschiedung des reformierten Asylpakets 2 führte.

Die Zahlen hatten sich inzwischen wie folgt entwickelt:

2008: 28.000; 2009: 33.000; 2010: 49.000; 2011: 53.000;

2012: 78.000; 2013: 127.000; 2014: 202.000;

2015: 476.000; 2016: 745.000; 2017: 222.000.

Mehrere Gründe mögen dazu beigetragen haben, dass es zu diesem rasanten Anstieg kam.

1) Unter den in Deutschland gelandeten Flüchtlingen der Jahre 2008 - 2014 verbreitete sich eine Informationswelle in Richtung ihrer Heimatländer „wie gut es ihnen doch in Deutschland ging".

Viele dieser Flüchtlinge hatten noch nie in ihrem bisherigen Leben so viele „Annehmlichkeiten" erlebt, wie seit ihrer Ankunft in Deutschland.

Nahrungsmittel, Behausung, Kleider, Kosmetik und Taschengeld erhielten sie, so wie es in den Richtlinien für Asyl vorgesehen ist.

Viele fühlten sich dadurch „wie im Paradies" und mussten dies natürlich ihren in der Heimat verbliebenen Angehörigen und Freunden berichten.

Eine „Quasi"-Einladung an diese, sich auch auf den Weg nach Deutschland zu machen.

2.) Was aber noch mehr zu diesem Massenexodus beitrug, waren der Irak/Kuweit-Krieg 1990 - 1991, der erst durch das massive Eingreifen Amerikas und Englands im sogenannten „Desert Storm" beendet werden konnte.

Noch viel gravierendere, fatale Auswirkungen jedoch hatte der seit März 2011 zwischen dem Regime des syrischen Machthabers Präsident Baschar al-Assat und syrischen Rebellen geführte Krieg.

Seitdem sind schätzungsweise über fünf Millionen Syrer auf der Flucht, wobei allein die Türkei 3,7 Millionen Flüchtlinge aufnahm.

In Deutschland kippte die am Anfang zu beobachtende Sympathie für die Flüchtlinge nachdem in den Jahren 2015 - 2017 plötzlich für 1,5 Millionen Menschen Verpflegung, Unterkunft, medizinische Hilfsleistungen und Sozialhilfe aufgebracht werden musste.

Insbesondere die AfD, die Alternative für Deutschland, die bis zu diesem Zeitpunkt nur als Euro–kritische Partei aufgetreten war, wusste, wie man aus dieser Situation Kapital schlagen konnte.

Die ausländerfeindlichen Parolen, die von dieser Partei verbreitet wurden, fanden bei einem beachtlichen Teil der Bevölkerung Zuspruch, wobei man vielen dieser Wähler Unrecht tut, wenn man sie als neue Nazis bezeichnet. Diese hatten einfach Angst vor Überfremdung und glaubten, dass die rechtsgerichtete AfD eine Antwort auf die Probleme hätte.

Eine Entwicklung, die in ähnlicher Form in allen Ländern zu beobachten war, die mit großen Flüchtlingsströmen fertig werden mussten.

In Kreisen, in denen die große Aufnahmebereitschaft Deutschlands heftig kritisiert wird, wird auch immer wieder die Frage gestellt, warum diese, meist dem Islam angehörenden Menschen, nicht in die reichen Golfstaaten auswandern.

Viele Gründe sprächen dafür.

Sie sprechen meist Arabisch, sie gehören muslimischen Religionsgruppen an und sie kommen aus Ländern, die mit den Ländern Saudi Arabien, Kuweit, Oman, Muskat, bestimmt mehr Gemeinsamkeiten haben als mit unseren europäischen Ländern.

Zu dieser Thematik führe ich hier eine Aussage des kuwaitischen Funktionärs Fahid Al Shalami an der sagte:

„Die Golfstaaten seien nicht für Flüchtlinge sondern für Arbeiter geeignet, für Flüchtlinge ‚zu teuer' und außerdem ungeeignet zur Aufnahme von Menschen ‚mit einer anderen Kultur‘ und mit psychologischen Problemen und Traumata“.

Was für ein Zynismus, wenn er seinen Religionsbrüdern unterstellt, dass sie nicht zur Arbeit geeignet sind, ihre Aufnahme dem Land zu teuer käme und sie aus einem anderen Kulturkreis stammen würden.

In Wahrheit aber steckt in all diesen Ländern, die ja von Herrschern geführt werden, die diktatorische Freiheiten genießen, eine tiefverwurzelte Angst vor Opposition, eines eventuell umsturzgefährdenden Einflusses von außen.

Dies umso mehr vor dem Hintergrund der Ereignisse im Jahr 2011 in Zusammenhang mit dem „arabischen Frühling“ in den Ländern Libyen, Tunesien, Irak und Ägypten, in denen Herrscher wie Muammar al-Gaddafi in Libyen, Zine el-Abidin Bon Ali in Tunesien, Saddam Hussein im Irak und Husni Mubarak in Ägypten gestürzt wurden, obwohl sie sich für die Ewigkeit an der Spitze ihrer Länder sahen.

Allen Regierenden der Golf Staaten schien in der Folge dieser Rebellionen bewusst geworden zu sein, wie schnell ein solches Ereignis um sich greifen kann mit dann, nicht mehr zu korrigierenden Konsequenzen.

Saudi Arabien leidet noch immer unter dem Trauma des Sturms auf die große Moschee in Mekka im November 1979, als die Armee des Landes erst nach mehreren Tagen erbitterter Gefechte mit vielen Toten Herr der Lage werden konnte.

Was die Aufnahmefähigkeit Deutschlands für noch mehr Flüchtlinge angeht, wird oft auch das Beispiel der Vertriebenen nach Ende des Zweiten Weltkrieges aufgeführt. 12 bis 14 Millionen Deutsche wurden damals aus den Ostgebieten des Deutschen Reichs vertrieben.

Ich achte hier besonders darauf nicht den Begriff Flüchtlinge zu verwenden, was oft falsch gemacht wird, sondern ich spreche hier ausdrücklich von Vertriebenen, die nämlich fast alle in ihren Heimatprovinzen geblieben wären, hätte man sie dort nur belassen.

Unter welch dramatischen Umständen diese Vertreibungen von statten gingen, lässt sich erahnen, wenn der UN-Völkerrechtler Felix Ermacora die Vertreibung als *Völkermord* betrachtet und Norman N. Naimark *alle Elemente einer ethnischen Säuberung* erfüllt sieht. Die Vertreibung der Sudetendeutschen wird laut einer Definition des internationalen Strafgerichtshofs als *Verbrechen gegen die Menschlichkeit* eingestuft.

Ich erwähne diese Beispiele hier, da diese Kriterien sicher nicht zutreffen auf die Flüchtlinge, die bei uns um Asyl ansuchen. Einige nüchterne Zahlen zeigen, wie sehr uns die Aufnahme der bisher bei uns angekommenen Flüchtlinge schon belastet.

Insbesondere im Umfeld der zugereisten Syrer und Iraker liegt die Harz IV-Quote bei 14 %, woran vor allem schlechte Kenntnisse der Deutschen Sprache und fehlende Berufsabschlüsse verantwortlich sind. Auch, dass sich die Anzahl der auf Hartz IV angewiesenen Kinder auf über 600.000 verdoppelt hat, zeigt die Brisanz, die in dem Bemühen um die Eingliederung der Flüchtlinge steckt.

Kehren wir zurück zur „Flüchtlingskrise“ der Jahre 2015 und 2016.

Wir alle haben erlebt, zu welchen Verwerfungen dies führen konnte. Lassen Sie mich in diesem Zusammenhang ein Horrorszenario entwickeln. Die Einwohnerzahl in Afrika wird bis ins Jahr 2050 auf 2,2 Milliarden wachsen, das heißt, die Bevölkerung Afrikas wächst dreimal schneller, als im Rest der Welt. Bis Ende des Jahrhunderts wird sich die Bevölkerung Afrikas verdreifachen oder gar vervierfachen. Laut einer Studie des bekannten, amerikanischen PEW Instituts (PEW RESEARCH CENTER) aus Washington haben heute bereits 38 % der Afrikaner Auswanderungspläne im Kopf. Diese Befragung wurde in den Ländern Ghana, Nigeria, Tansania, Senegal und Südafrika durchgeführt und deckt sich mit den Studien, die von anderen Instituten erhoben wurden.

Eine hohe Geburtenrate, Arbeitslosigkeit oder extrem niedrige Löhne, Hunger und politische Instabilität haben in den letzten sieben Jahren über eine Million Afrikaner dazu getrieben, Asylanträge in Europa zu stellen. Wenn sich die Verhältnisse in Afrika nicht dramatisch verbessern, gehen Forscher davon aus, dass schon im Jahr 2050 800 Millionen Afrikaner Zuflucht in Europa suchen wollen.

Betrachtet man hingegen, dass bisher für die Bewältigung der Flüchtlingsströme der Jahre 2015 und 2016 schon 22 Milliarden Euro aufgebracht werden mussten, und dass die Kosten für einen Asylbewerber zwischen € 6000 bis € 20.000 liegen, dann zeigen diese Zahlen, das Schreckensscenario, das dazu angetan wäre, ganz Europa in ein mörderisches Unheil zu stürzen.

Um das zu vermeiden, sind zwei Maßnahmen unerlässlich.

1. Die Geburtenrate in den afrikanischen Ländern muss massiv gesenkt werden und

2. die sogenannten hoch entwickelten Länder müssen viel größere Anstrengungen unternehmen, um die Lebensverhältnisse in den afrikanischen Ländern anzuheben.

Diese Zeilen schreibe ich in der Zeit, als gerade die Corona–Krise Deutschland, Europa und die übrige Welt vor gigantische Herausforderungen stellt.

Die Corona- Krise und die Bewältigung der daraus resultierenden Konsequenzen werden unsere finanziellen Spielräume derart einengen, dass für weitere Milliardeninvestitionen zur Bewältigung einer neuen, vielleicht noch größeren Flüchtlingszuwanderung, einfach keine Mittel mehr zur Verfügung stehen.

Auch ein Gutmensch wie der Philosoph Habermas, der meinte, man müsse allen Flüchtlingen Asyl gewähren, sollte vor diesem Hintergrund seine Meinung noch einmal überdenken.

15) Wie frei ist die Malerei?

Die Geschichte der Malerei lässt sich zurückverfolgen bis ca. 22.000 Jahre v. Chr., als man in Nordafrika Höhlenmalereien und Felsenritzarbeiten fand.

Die bekanntesten Höhlenmalereien datieren zurück bis ca. 36.000 Jahre vor Chr. und befinden sich in der französischen Dordogne. Es handelt sich um die Höhlen von Lascaux.

Als das Malergenie Picasso einmal diese Höhlenmalereien bewundern konnte sagte er: „*Wir haben nichts entdeckt*“, womit er ausdrücken wollte, dass diese Abbildungen schon so perfekt gezeichnet und in die Wand geritzt wurden, dass sich die Malkunst seit dieser Zeit nicht mehr weiterentwickelt hatte.

Die Höhlenmalerei von Lascaux wird auch genannt *„Die Sixtinische Kapelle der Höhlenmalerei“.*

Eine erste Hochkonjunktur erlebte die Malerei zur Zeit der griechischen und römischen Großmächte.

In dieser Epoche wurden erstmals auch nicht nur Farben eingesetzt, sondern es wurden auch mit kleinen und größeren Mosaiksteinen prächtige Kunstwerke geschaffen, z. B. in Pompeij.

Während des Mittelalters entdeckten immer mehr Künstler die Wände und Decken der Paläste und Kirchen, um sie mit Motiven teils geschichtlichen und religiösen Ursprungs mit Fresken zu verzieren.

Das wohl vollkommenste Werk dieser Kunstgattung ist Michelangelos *„Schöpfungsgeschichte“* in der Sixtinischen Kapelle im Petersdom in Rom. Er brauchte dazu 4 Jahre von 1508 bis 1512.

In den folgenden drei Jahrhunderten erlebte die Malerei, und da sind sich fast alle Kunstexperten einig, ihren Höhepunkt.

Die Renaissance-Malerei im Zeitraum von 1490 - 1600 brachte unter vielen anderen mit Leonardo da Vinci, Michelangelo und Albrecht Dürer drei der größten Maler hervor.

Die möglichst detailgenaue Wiedergabe der von ihnen gemalten Gegenstände, Personen und Pflanzen kann man z. B. an *Dürers Hasen* bewundern, wo er sogar die feinsten Barthaare des Tieres mit einer nicht mehr zu übertreffenden Präzision darstellt.

Aber auch die Darstellung der *Mona Lisa* von Leonardo da Vici besticht durch die ans unwirklich grenzende, präzise Darstellung des Modells, obwohl nie eindeutig geklärt werden konnte, wem Da Vinci mit diesem Bild „Unsterblichkeit" verlieh.

Aber auch während der folgenden 250 Jahre von 1590 - 1830 wurden während des Barock- und Romantik-Zeitalters von den Künstlern Rubens, Velasques, Rembrandt, Delacroix und Casper David Friedrich Werke geschaffen, die für die Ewigkeit Bestand haben werden.

In dem Gemälde *„Der Mann mit dem Goldhelm",* das lange Zeit Rembrandt zugeschrieben wurde, gelang es einem unbekannten Künstler z. B. das *reflektierende Gold* mit einer Präzision darzustellen wie es kaum wiederholbar erscheint.

Ein ganz bedeutender Einschnitt in die Entwicklung der Malerei fand im Jahr 1826 statt, als der Franzose Joseph Nicephore Niepce die Fotografie erfand. Dies war für die Malerei deshalb von so großer Bedeutung, weil bis zu diesem Zeitpunkt fast alle großen Maler ihr Geld auch als Portraitmaler verdienten. Dabei kam es auf eine wirklich detailgenaue Darstellung der portraitierten Person an.

Dies ging sogar so weit, dass bei geplanten Vermählungen ein Portraitmaler teils sogar ins Ausland entsandt wurde, mit dem Auftrag, die Hochzeitskandidatin zu malen. Nach seiner Rückkehr wurde dann an Hand des Portraits entschieden, ob der oder die Kandidatin, was das Aussehen angeht, den Vorstellungen und Wünschen entsprach.

Nach der Entdeckung der Fotografie entwickelte sich die Malerei in eine vollkommen neue Richtung.

Hatten bis zu diesem Zeitpunkt die Maler ihre Bilder fast ausschließlich in ihren Ateliers gemalt, so entdeckten sie nun den Reiz der Malerei in der freien Natur.

In den folgenden Jahren bis 1900 entstand der *Impressionismus,* vertreten durch so markante Namen wie Monet, Manet, Renoir und Pissarro.

Im frühen 20. Jahrhundert entwickelte sich dann eine zum Impressionismus völlig konträre Form der Malerei.

Wichtige Vertreter wie Ernst Ludwig Kirchner, Erich Heckel, Karl Schmidt Rottluff und Max Pechstein taten sich in der im Jahr 1905 in Dresden formulierten Künstlergruppierung *Die Brücke* zusammen.

Wie schon der aus dem Lateinischen *expressio* abgeleitete Name sagt, versuchten die Künstler dieser Stilrichtung allein die *gefühlten Elemente* wiederzugeben.

Wie weit sich die Werke der Expressionisten, dazu zählen auch die Mitglieder des Rings *„der Blaue Reiter“,* mit den Künstlern Wassily Kandinsky und Franz Marc von den vorangegangenen Malstilen entfernt hatten, sieht man daran, dass sie sich sogar von außereuropäischen Künstlern, den Eremiten, beeinflussen ließen, ja sogar Kinderbilder und Bilder von Geisteskranken in ihr

Schaffen einfloss. Die Öffentlichkeit war aber offensichtlich noch nicht bereit für diese Kunst, die natürlich, nach den Harmonie ausstrahlenden Werken des Impressionismus, einen radikalen Stilbruch bedeutete. In einer Ausstellung in München wurden diese „hässlichen“ Bilder so sehr abgelehnt, dass sie vom Publikum bespuckt wurden und man sogar versuchte sie mit Messern zu zerstören. Durch den Ersten Weltkrieg und dem Tod von Franz Marc im Krieg fand die neue Kunstrichtung des Expressionismus ein Ende.

Die im *Blauen Reiter* und in der *Brücke* vereinten Künstler hatten aber eine Spur gelegt, die in den folgenden Jahren und Jahrzehnten von einer immer größer werdenden Anzahl ihrer Künstlerkollegen aufgenommen und weiterentwickelt wurde, die auch so malten, wie sie es gerade empfanden und bewusst darauf verzichteten S*chönheit* zu produzieren.

Ohne den Einfluss der Künstler des *Expressionismus* wäre vielleicht die nun folgende Kunstrichtung der A*bstrakten Kunst,* der nicht gegenständlichen Kunst, nie entstanden.

Joseph Mallord William Turner, Paul Cezanne, Piet Mondrian, Paul Klee, Pablo Picasso, Joan Miro und Mark Rothko sind nur einige der Namen, die die Malerei im 19. und 20. Jahrhundert bestimmt haben.

Pablo Picasso (1881 - 1973) hat dabei die Malerei unseres Jahrhunderts wie kein Zweiter geprägt. Durch eine Vielzahl künstlerischer Ausdrucksformen, Malerei, Zeichnungen, Collagen, Plastiken und Keramik hat er der Kunstwelt einen unermesslichen Schatz von schätzungsweise 50.000 Kunstwerken hinterlassen, die heue in allen namhaften Museen der Welt und in Privatsammlungen vertreten sind. Den größten Einfluss auf die Kunstwelt des 20. Jahrhunderts begründete er mit der Schaffung des *Kubismus.*

Picasso hatte während seines ganzen Lebens große familiäre Probleme, die daraus erwuchsen, dass er immer amouröse Beziehungen gleichzeitig zu mehreren Frauen hatte. Diese zerrissene Sexualität hat auch Spuren in seinen Werken hinterlassen, ja Kenner gehen sogar davon aus, dass Picassos Kubismus stark beeinflusst wurde durch sein oft gestörtes Verhältnis zu Frauen. Picasso war zeitlebens auch ein politischer Mensch, was sich z. B. in seinem Monumentalgemälde G*uernica,* das die Zerstörung dieser Stadt durch einen Luftangriff der deutschen Legion Condor während des Spanischen Bürgerkrieges darstellt, widerspiegelt. Das Bild befindet sich heute im Museo Reina in Madrid. Da sich Picasso als Mitglied der Kommunistischen Partei Frankreichs, nach deren Meinung nicht aktiv genug ins politische Leben einbrachte, und er nicht fähig wäre, Kunst und Politik zu trennen, wurde er von den kommunistischen Funktionären oft heftig kritisiert.

Picasso antwortete darauf:

> *„Was, glauben Sie denn, ist ein Künstler? Ein Schwachsinniger, der nur Augen hat, wenn er Maler ist, nur Ohren, wenn er Musiker ist, gar nur eine Lyra für alle Lagen des Herzens, wenn er Dichter ist, oder gar Muskeln, wenn er Boxer ist? Ganz im Gegenteil, er ist gleichzeitig ein politisches Wesen, das ständig im Bewusstsein der zerstörerischen, brennenden oder beglückenden Welt lebt und sich ganz und gar nach ihrem Bild formt.*
>
> *Nein, die Malerei ist nicht erfunden, um Wohnungen auszuschmücken! Sie ist eine Waffe zum Angriff und zur Verteidigung gegen den Feind“.*

Mit dieser Stellungnahme beweist sich Picasso nicht nur als genialer Maler, sondern auch als politisch Handelnder, als großer Humanist.

Nach der Kubismus-Epoche entwickelte sich dann eine wiederum völlig neue Kunstrichtung die *Pop Art.* Bekannteste Vertreter wie Andy Warhol, Roy Lichtenstein und Ed Ruscha versuchten oft durch die Darstellung banaler Alltagsgegenstände wie z. B. Suppendosen oder aus Comic–Heften entliehene Frauenkörper, die Kunst zu „entmythisieren“, sie so vom hohen Sockel herunterzuholen.

Andy Warhols Darstellungen der maschinellen Vervielfältigung von Gegenständen wie den Campells Suppendosen oder die Vervielfältigung prominenter Zeitgenossen wie Marilyn Monroe kann und soll vermutlich auch als Kritik an unserer Massenkonsumgesellschaft dargestellt werden, in der alles käuflich ist.

Meine aufregende Reise durch die Geschichte der Malerei geht langsam zu Ende. „Ist die Kunst frei in der Malerei“ lautet die Headline am Anfang der Reise.

Am Ende meiner Reise will ich noch eine Frage stellen: „Was darf Kunst kosten?“. Ich will dabei nur zwei Beispiele nennen, den Künstler Jackson Pollock und Gerhard Richter, und Preise nennen, die bei Sotheby´s Versteigerungen für ihre Werke erzielt wurden.

Jackson Pollock war ein amerikanischer Action-Painting-Künstler bekannt für seine Dripping Maltechnik. Beim Dripping wird auf eine, auf dem Boden liegende Leinwand die Farbe mit einem großen Pinsel auf die Leinwand geschleudert, oder aber es wird eine Dose, die mit der Farbe gefüllt ist, und die ein Loch im Dosenboden hat, über der Leinwand hin- und hergependelt, wobei die Farbe in einem dünnen Strahl auf die Leinwand fließt.

Die Herstellungszeit für eine solches „ Bild“ liegt bei maximal einigen Stunden. Das Bild *„No 5, 1948“,* das in dieser Technik „gemalt“ wurde, erzielte bei Sotheby´s in der Versteigerung einen Preis von € 109 Millionen, und war damit für eine gewisse Zeit das teuerste, jemals versteigerte Bild.

Gerhard Richter führt seit Jahren die Liste der teuersten zeitgenössischen Maler an. Gerhard Richter „produziert“ während der letzten Jahre seine Werke auf einer ähnlich banalen Machart. Er legt eine Leinwand auf den Boden, schüttet die Farben darauf und verteilt sie dann mit einer Rakel auf der Leinwand. Zur Herstellung eines solchen Bildes braucht er maximal einige Stunden, auch wenn er gelegentlich die Farbaufteilung und Verteilung mit der Rakel mehrmals wiederholt.

Ein so hergestelltes Bild, *„Das abstrakte Bild“,* wurde bei Sotheby´s für € 41 Millionen versteigert.

Diesen zwei Beispielen will ich das Bild von Dürers Hasen gegenüberstellen, bei dem im dargestellten Fell teilweise einzelne Haare erkennbar sind, und an dem Dürer sicherlich mehrere Monate gearbeitet hat.

Früher starben Maler am Ende ihrer Schaffensperiode oft bettelarm, wurden manchmal erst Jahrzehnte nach ihrem Tod „entdeckt“.

Heute kann ein Maler, der es in den „Olymp“ der Arrivierten geschafft hat, an einem einzigen Tag mehrere Millionen verdienen, wenn er nur fleißig ist und zwei Bilder „dripped“ oder „rakelt“.

WEITERE VERÖFFENTLICHUNGEN DES AUTORS

GÜNTER SCHMIEDER

DIETER ICH BIN EINE JÜDIN

(ISBN-13: 978-3732239870)

GEDANKEN ÜBER DEN SINN DES LEBENS

(ISBN-13: 978-3844811438)

POEMES D´AMOUR AN DAS MYSTERIUM FRAU

(ISBN-13: 978-3735784087)

SACHEN GIBT´S DIE GIBT ES DOCH

(ISBN-13: 978-3738611090)

BENGELCHEN ERKUNDET DIE WELT

(ISBN-13: 978-3848222216)